I0090183

* 9 7 8 1 5 9 5 8 4 5 8 3 2 *

انترناسیونال
بچه پُرروها

مجموعهٔ ۱۷ مقاله و لطیفهٔ سیاسی از

ایرج پزشک‌زاد

نوروز ۱۳۶۳

شرکت کتاب
ketab.com

توضیح

کتاب حاضر مجموعهٔ ۱۷ مقاله ولطیفه سیاسی است که از مرداد ۱۳۶۰ تا اسفند ۱۳۶۲ درنشریه قیام ایران چاپ ومنتشرشده است.

از این کتاب تعداد یکصد جلد در پائیز ۱۳۶۴ به سفارش مؤلف توسط شرکت کتاب در کالیفرنیا - آمریکا، بصورت فتوکپی تکثیر گردید.

The International of the Brats
Subject:Iranian political, Contemporary history of Iran, Political Comics
Author:Iraj Pezeshkzad
Copyright © 2025 Ketab Corporation
All right reserved.
2nd Edition: 2025

انترناسیونال بچه پُرروها
موضوع: تاریخ معاصر ایران، علوم سیاسی ایران، طنز سیاسی
نویسنده: ایرج پزشک‌زاد
چاپ دوم شرکت کتاب: ۱٤۰٤ خورشیدی- ۲٥٨٤ ایرانی خورشیدی- ۲۰۲٥ میلادی

The Library of Congress Cataloging-in-publishing Data is available upon
request.

ISBN: 978-1-59584-583-2
Ketab Corporation:
12701 Van Nuys Blvd., Suite H,
Pacoima, CA, 91331, USA

2 2 3 4 5 6 7 8 25

فهرست

دائی جان

ناپلئون دوم

درشماره اخیر مجله آلمانی اشپیگل مصاحبه‌نماینده مجله با آقای ابوالحسن بنی‌صدر رئیس جمهوری سابق، که اخیرا" به‌فرانسه پناهنده‌شده‌اند، درج شده‌است. یک قسمت ازپاسخ های ایشان، مربوط به‌عزل ازمقام ریاست جمهوری را، عینا" نقل میکنم:

اشپیگل ـ اما شما نمی خواستیدبه‌آسانی این خلع سمت را بپذیرید؟

بنی صدر ـ من تصمیم گرفتم که‌کاری نکنم. به‌خانه‌نزد همسر خودرفتم. من یک قربانی بی گناه بودم. آنجا همسر ودوستانم پرسیدند که چه‌کاری می خواهم بکنم. من جواب دادم که‌تسلیم سرنوشت‌خودمی شوم. چون می‌دانستم که‌این یک توطئه است. اول پارلمان‌تصویب می‌کندوبعدمرا اعدام می کنند. اما همسرم گفت‌که من باید مقاومت‌کنم. اوروی این موضوع خیلی اصرارداشت. من هم به نصیحت‌اوعمل کردم. تاآن موقع هیچ به‌فکر مقاومت نبودم.

ایضا" قسمتی ازمصاحبهٔ آقای رئیس جمهوری معزول، با روزنامه فرانسوی " لیبراسیون " (مورخ ۶ اوت ۱۹۸۱):

لیبراسیون ـ چه کسی شما را مصمم کردکه دست به مقاومت فعال علیه خمینی بزنید؟
بنی صدر ـ زنم ... اوسرنوشت مرا تغییرداد... من، وقتی ازمقام فرمانده‌ٔ کل قوا خلع شدم، میگفتم: من محکومم‌که‌سیاوش دوران جدیدباشم. آنوقت زنم علیه من طغیان کرد. گفت چراسیاوش باشی ورستم نباشی که مقاومت میکند؟ ... با این ترتیب بودکه من به‌فعالیت زیرزمینی ومقاومت علیه خمینی دست زدم.

***

باخواندن این جواب آقای رئیس جمهوری معزول به‌یاد قهرمانان کتاب " دائی جان ناپلئون " افتادم و صحنه‌هائی ازکتاب، مثل وحشت دائی جان ازدیدن دزد، یا وحشت دوستعلی خان ازشیرعلی قصاب وپناه‌بردن اوبه خانه‌اقوام، درنظرم آمد. شباهت‌ها عظیم بود. باین مناسبت سعی کردم با قرض گرفتن شبه‌قهرمان‌ها ازکتاب دائی جان ناپلئون، به‌این بازگشت پرنگرانی آقای رئیس جمهوربه‌خانه‌نزدهمسرودوستان، تجسم بدهم.

***

صحنه: سالن پذیرائی منزل آقای رئیس جمهوری است. چندمبل ساده‌ویک قالی متوسط تنهااثاث اطاق است. روی دیوارها یک عکس بزرگ آقای خمینی ـ یک عکس آقای رئیس جمهوری درحال بوسیدن دست آقا ویک عکس تمام قد رئیس جمهوری بالباس نظامی دیده می شود.
آقای بنی صدربیهوش‌وبی حواس روی یک مبل افتاده و چندمردوزن باچهره‌های نگران اورااحاطه کرده‌اند. عینکش دست یکی ازحاضران است. همسرش، باچشمهای

اشک آلود مشغول مالیدن دست وپای اوست.

یک خانم چادری مسن ــ عذرا خانم جون، اینقدرجوش نخور، چیزیش نیست، الان حال می آید. اصلا" پاشو جای این کارها یک استکان نبات داغ برایش درست کن.

عذرا خانم ــ عمه خانم، با این دندانهایش که قفل شده چطورنبات داغ حلقش کنم؟ آخ بمیرم الهی براش... الهی بحق مرتضی علی آتش به ریشهٔ عمرآن آقا بگیره که شوهربیچاره مرا اینقدر نچزانه. الهی بحق پنج تن، آن آقا احمدگامبوش جلوی چشمش تیکه تیکه بشه! خانعمو، بی زحمت آن بالش را بگذارید زیرگردنش!

خانعمو ــ (بانگاه نگران باطراف) عذرا خانم، با این حرفها یک کاری دست خودت وما میدهی ها!

عذرا خانم ــ آخر ــ شما بفرمائید این طفلک بیگناه من چه قصوری کرده که باید این بلارا سرش بیاورند؟ چه خدمتی بوده که نکرده؟ شش ماه آزگار را زصبح تا شب خواب وخوراک را به خودش حرام کرد، توی این مسجدوآن مسجدواسه آقا و ولایت فقیهش سینه زد. گفتند عضوشورای انقلاب بشو، شد. گفتندبروماسک بصورتت بگذارتوی دادگاه انقلاب حکم اعدام بده، رفت داد. گفتندبروتوی مجلس خبرگان بنشین قانون اساسی بنویس، رفت نشست نوشت. گفتند کردستان رابزن، زد. گفتند وزیرخارجه بشو، شد. گفتند وزیردارائی بشو، شد. گفتندرئیس جمهور بشو، شد. گفتندرئیس شورای انقلاب بشو، شد. گفتند دست آقا را ماچ کن، کرد. گفتندفرمانده کل قوا بشو، شد... آخرچه کاری بهش گفتندکه نکردآنوقت باید اینجوری مزدش راکف دستش بگذارند؟

یک تازه‌وارد - چی شده‌خانم؟ چه‌بسرش آمده، عـــذرا خانم ؟

خانعمو - هیچی علیقلی خان ، ازدرآمدرنگش مثل گـچ ، گفت آقا مرا معزول کرده ، تا پرسیدیم چرا ، فقط گفـت توطئه، اعدام، اعدام، تیرباران ، وبعدازحال رفت .

علیقلی خان - خوب ، چرا یک دکترخبرنکردید؟

عمه‌خانم - بابا راست میگن آقای علیقلی خان ، چرا یک دکترخبرنمی کنید؟

علیقلی خان - بله آقا ، دست بدست نکنید . ننه‌آقـا ، بدوبه مشباقربگوبرودااین دکتراسلامی را بیاورد .

خانعمو - نه‌آقا ، دکتراسلامی عضوحزب جمهوری اسلامـی است . همین دکترآصف خودمان مطمئن تراست .

ننه آقا - (دم پنجره) آهای باقر! (مشباقرکـــه پاچه‌شلوار را بالازده ، آبپاش بدست واردمی شود. از بالای سرحاضران گردن می کشد ورئیس جمهوری را نگـــاه می کند)

مشباقـر - ای بابام هی! پنداری آقا را مار زده .

خانعمو - مشباقر، باباجان ، بدودرِخانـــه دکتـــــر آصف الحکما بگوفوری بیاید. امانگوبرای آقا میخواهی . بگوعمه‌خانم حالشان بهم‌خورده .

مشباقر - ازما میشنفید، آقاگرمیشان کرده یک خـــرده خاکشیریخمال بهشان بدهید.

خانعمو - پرحرفی نکن ، مشباقر، مگرتودکتری ؟

مشباقر - والله‌آقا ، دروغ چرا ، ماخودمان یـــک همشهری داشتیم...

خانعمو - (تند) گفتم برو! (مشباقرمیرود .ناگهان

ازگلوی رئیس جمهوری صداهای نامفهومی شنیده میشود)
رئیس جمهوری - (ازلای دندان) تو ... تو ...تو...
توطئه ... تی... تی... تیر ...تیربا ران ...
عذرا خانم - وای الهی دورت بگردم، چشمایت را واکن!
منم، ابوالحسن، منم، من عذرا!
علیقلی خان - ابوالحسن خان، چشمهایت را واکن!
رئیس جمهوری - خل ... خل ... خل ... خلخالی ...
عذرا خانم - الهی آتش بجون آن خلخالی بگیرد که
اینقدر این طفلک زبون بسته مرا ترسانده.
علیقلی خان - ازخلخالی که نباید بترسد. حکمش را خود
ابوالحسن خان داده.
رئیس جمهوری - تی... تی ... تی ... تیربا ران ...
لا ... لا ... لا ... لاجوردی ...
علیقلی خان - حکم لاجوردی را هم که خود ابوالحسن خان
امضاء کرد.
عمه خانم - حالا چقدر حرف میزنید! امضاء کرده که
کرده، بچه دیده اینها چطور جوانهای مردم را میکشند،
خوب حق داردبترسد.
(مشباقر وارد میشود)
مشباقر - آقای دکتر مریض داشتند، گفتند الان میایند.
اما از ما میشنفید خاکشیر یخمال رودست ندارد.
خانعمو - مشباقر خواهش می کنم. طبابت نکن! مگر
نمی بینی حال آقا خوب نیست.
مشباقر - (آهسته) ننه آقا، حالا آقا چی شده؟
ننه آقا - (آهسته) امام جوابشان کرده ... یعنی
آقا دیگر رئیس جمهور نیست.

مشباقر ـ (بلند) آی بابام هی ! آقاکه ازبچگی اینقدردلش میخواست رئیس جمهوربشه ... یک سال هم بهش وفا نکرد. خاطرمان میاد آقا ازآنوقت که یک الف بچه بود به خانم بزرگ میگفت من یک روزی رئیس جمهورمیشم، همه‌تان را می برم توی قصر شاه ... نور به قبرش بباره، خانم بزرگ هم قربون صدقه‌اش میرفت. میگفت الهی دورا ین رئیس جمهورکوچولوی سفیدبلوریم بگردم... تف به این روزگار! خاطرمان میاد ما یک همشهری داشتیم ...

رئیس جمهوری ـ (همچنان) قُد... قُد ... قُد... قُد...

مشباقر ـ پنداری آقا هوس مرغ کرده.

رئیس جمهوری ـ قد... قد ... قد... قد... قدوسی.

(دکترآصف الحکماء واردمیشود)

دکتر ـ سلامت باشید، سلامت باشید، چه‌کسالتی دارند عمه‌خانم؟

خانعمو ـ آقای دکتر، مشباقرعوضی فهمیده ،آقاکسالت دارند.

دکتر ـ سلامت باشید. چه‌کسالتی؟ برویدعقب ببینم! (دکترآصف الحکماء بعدازمعاینه‌کامل چندقطره دوا از لای دندانها به‌حلق رئیس جمهوری میریزد)

دکتر ـ سلامت باشید، سلامت باشید، هیچ نگران نباشید. فقط هول کرده، الان حالش جا می‌آید.

یکساعت بعد

(حال رئیس جمهوری جاآمده روی مبل با رنگ پریده نشسته وتسبیح می اندازد. خانم وسایرین هم روی مبلها

جا گرفته اند . عبدالله میرزا ، یک فکل کراواتی ، هم به جمع اضافه شده است . مشباقرو ننه آقا دوزانوروی قالیچه نشسته اند)

عذرا خانم ــ حرف زیادی نزن ! گفتم باید مقاومت کنی.

رئیس جمهوری ــ توهم نفست ازجای گرم درمیآید !حرف یادگرفتی (با دهن کجی) مقاومت مقاومت ...

عذرا خانم ــ به به چشمم روشن ، حالا ادای مرا هم درمیآوری ؟

عبدالله میرزا ــ مومنت خانم جان ، ادانخواست دربیاورد. هول کرده چانه اش کج شده زبانش هم تپق میزند .

خانعمو ــ ازمن می شنوید بهتراست ابوالحسن خان همین امروزبرودودست آقا را ببوسدویک طوری ازدلشان...

رئیس جمهوری ــ من دست آقا را ببوسم ؟!

عمه خانم ــ حالا آسمون که زمین نمیاد. یک دفعه ماچ کردی این دفعه هم بکن !

رئیس جمهوری ــ (با هیجان) آن دفعه نمی دانستم با افکارملی گرائی وآزادیخواهی واسلامراستین من موافق نیست .

عبدالله میرزا ــ مومنت ، آقای ابوالحسن خان!توکه میگفتی بیست سال همنفسش بودی ، چطورهیچی نفهمیدی وندیدی ، که حالا این چندماهه یکباره چشمت واشد؟ چه دوائی توی چشمت ریختی که اینقدریک دفعه پُرسوشد؟

رئیس جمهوری ــ بهرحال من می خواهم تسلیم سرنوشتم بشوم، من یک قربانی بیگناه هستم ،من سیاوش عصر جدیدهستم .

عذرا خانم – خدا شاهده ، به‌جان زهرا وفیروزه‌ام ، یک دفعه دیگرحرف تسلیم به‌سرنوشت وسیاوش میلاوش زدی ، همچه می زنم توی دهنت که دندانهات بریزه توی حلقت . یعنی چه ، تسلیم سرنوشت! حالا آن زن اکبیری رجائی بیاد بمن پشت چشم نازک کند ، آن زن کچل رفسنجانی بنشیند این طرف وآن طرف بگوید شوهرم شوهرش را بیرون کرد!

عبدالله میرزا – خانم جون ، خواهش می کنم عیب روی زن وبچه مردم نگذارید .

عذرا خانم – اول نصیحتت می کنم اگرفایده نکرد می دانم چه‌کنم . خوب گوشهایت را واکن تو ، آسمون بری زمین بیای بایدمقاومت کنی!

خانعمو – مقاومت کندکه‌چی بشود؟ این که‌دیگررئیس جمهوربشونیست ، خودش ده دفعه نوشته وگفته که من استعفایم را به آقا داده‌ام که‌هروقت خواست به‌جریان بیندازد .

عبدالله میرزا – خوب ، بالاخره بیکارش که‌نمی گذارند . یک شغلی،یک کاری بهش می دهند . مثلا" ...

عذرا خانم – مثلا" فرماندارهمدان ؟

عبدالله میرزا – چه عیبی دارد؟ فکرکندا صلا" زمان شاه است .اگرآن موقع فرماندارهمدانش می کردند ، کلاهش را نمی انداخت هوا ؟

مشباقر – ازما میشنفیدا ما مجمعه‌ی همدان را واسه‌آقا بگیریدرودست ندا ره ، کلی هم مداخل داره .خدا بیامرز آقا بزرگ چقدردلش می خواست که‌آقا پیشنماز مسجد کبابیان همدان بشه . همان وقت‌ها ما یک همشهری

داشتیم ...
عبدالله میرزا - پیشنهاد خوبی است . اما من پیشنمازی مسجد سانفرانسیسکو را ترجیح میدهم .
عذراخانم - بالاخره چی شد؟ مقاومت میکنی یا نه؟
رئیس جمهوری - نه ، نه، نه ، من میخواهم تسلیم سرنوشت بشوم .
(عذراخانم با ژست تهدید مشت را به طرف او بلند میکند)
عذراخانم - نگذار آن روی سگ من بالا بیاید!
عبدالله میرزا - خانم جون ، خشونت بکار نبرید . این بچه طاقت ندارد .
رئیس جمهوری - (نالان) آخه من اگر مقاومت کنم میگیرند میبرند اعدامم میکنند . این یک توطئه است ، کودتای خزنده است ، میخواهند اعدامم کنند ، من باید فوری یک جائی قایم بشوم .
خانعمو - خوب ، ابوالحسن خان ، حالا که خانم اصرار دارند مقاومت کن . برای قایم شدنت هم یک فکری میکنیم ، مثلا" میروی کردستان ...
عبدالله میرزا - به به چه جای امنی ! نیست که موقع حمله به کردستان آن نطق کذائیش را نکردو نگفت ، سربازها ، تا کارکردها را یکسره نکردید چکمه ها را نکنید! نیست که بمب روی سربچه های کردنریخت !نیست که سنندج ومهاباد را به راکت نبست!
خانعمو - چطوراست که چندروزی منزل آقای منتظری مخفی بشود!
عبدالله میرزا - همان آقای منتظری که توی مجلس خبرگان به رئیس جمهورلقب " الدنگ " داد؟

عذرا خانم - بالاخره نگفتی مقاومت میکنی یا نه ؟
رئیس جمهوری - آخه من ۱۱میلیون رای داشتم. این یازده میلیون باید مقاومت کنند ، نه من !
عذرا خانم - خوبه ، خوبه ! توهم با این یازده میلیونت !
عبدالله میرزا - خانم ، ناراحت نباشید. این توی کلاس مدرسه همیشه سردرس حساب صفر میگرفت .سرامتحان نهائی هم با نمره قرآن شرعیات معدل آورد.
رئیس جمهوری - مزخرف نگو ، عبدالله ! همهٔ شما ها شاهد بودید که من چه فداکاریها برای مردم کرده ام ، اتحاد من وملت گسستنی نیست . من هشت ماه توی جبههٔ جنگ بودم . یعنی شما این ها را ندیده میگیرید؟ یعنی شما نمیدانید که من ...
مشباقر - والله دروغ چرا ، ما یکی میدانیم. ماشاءالله آقا توی جنگ ...
خانعمو - مشباقر ، خواهش میکنم تو یکی دیگر حرف نزن!
رئیس جمهوری - (نالان) بگذارید حرفش را بزنند!
مشباقر - (شکفته) ما خودمان به چشم خودمان دیدیم . یعنی ندیدیم اما مثل اینست که دیدیم. این پسر اوسا اسمعیل پینه دوز که رفته اجباری، میگفت مشباقر ،کاشکی بودی میدیدی توی جنگ سوسنگرد چطور آقا سوار اسب کهرش مثل شیر تو میدان جنگ ازاینور به آنور میتاخت ، شمشیر را دورسرش میچرخاند. وقتی نعره میزد پنداری آسمون قرمبه شده ،پنداری روز قیامت شده ، میگفت ما که خودی بودیم از ترس زهره ترک شده بودیم چه برسه به دشمن ... ~~می گفت~~ ماشاءاللهآقا با یک ضرب شمشیر گردن پنجاه تا انگلیسا را انداخت جلوی پاشان ، میگفت ...

رئیس جمهوری - (شکفته) خوب ، البته یک کمی هم مبالغه کرده . . .
عبدالله میرزا - ولی مشباقر ، جنگ با عرب ها بودنه با انگلیسا . . .
مشباقر - والله آقا دروغ چرا ؟ تا قبر آآ . . . ما که سواد نداریم پسرا وسا اسمعیل میگفت که . . .
عذرا خانم - خفه شو مشباقر !بگذا ربه کارمان برسیم . حالا قهرمان جنگ سوسنگرد مقاومت میکند یا نه ؟رستم میشود یا نه ؟ (رئیس جمهوری با نگرانی به سیخ بخاری که در دست عذرا خانم است چشم دوخته است)
عبدالله میرزا - (آهسته) خوب ابوالحسن ، یک بله بگو فعلا" جانت را خلاص کن ، بعدکه ازاینجا رفتی، آن وقت یک جوری بزن بچاک ، برو یک جائی که دست خانم بهت نرسد . بروآلمان ، فرانسه . . . یا چه میدانم ، سانفرانسیسکو . . .
رئیس جمهوری - (با چهرهٔ شکفته)بسیار خوب ، همسر عزیزم ، نصیحت ترا می پذیرم و مقاومت میکنم .
حاضران دست میزنند و با تفاق جلوی صحنه میایند در حالیکه رئیس جمهوری را درمیان گرفته اند سرود مقاومت میخوانند:
ما همه پیرو خط رهبریم ، برصف دشمنان حمله میبریم . . .
انجزه انجزه وعده نصر نصر عبده ، ما مسلح به الله اکبریم برصف مفسدان حمله میبریم . الله اکبر - بنی صدر رهبر

(۱۶ مرداد ۱۳۶۰)

مصاحبهٔ اشپیگل
با آیت الله خمینی

مصاحبه‌های چپ وراست آقای ابوالحسن بنی صدررئیس جمهوری سابق رژیم خمینی، ازوقتی به‌فرانسه پناهنده شده‌است، خواندنی است: دادگاههای انقلاب؟ به‌من مربوط نیست. خلخالی؟ چه‌قاتل منفوری. شکستن قلم‌ها؟ دست مسببش بشکند. اعدامها؟ نامه‌ٔ اعتراض نوشتم. بستن دانشگاه‌ها؟ چه‌کاربدی کردند. کشتار کردستان؟ روحم خبرندارد. دیکتاتوری؟ سخت مخالفم. ناسیونالیسم؟ همیشه شعارمن بوده. حمایت ارتش؟ خودم‌گفتم تکان نخورد. علت مبارزه؟ نصیحت همسرم. برنامه‌آینده؟ جانفشانی درراه آزادی ایران.

با این ترتیب تصورمصاحبه آقای خمینی هم باجراید ـ بفرض اینکه چهارصباح دیگراوهم به فرانسه پناهنده شود ـ کارسختی نیست.

من مصاحبه آقای خمینی بانمایندهٔ مجله‌اشپیگل را از حالابه‌خوبی درذهنم می بینم. این مصاحبه راباا ستفاده ازقاموس‌خودآقای خمینی نقل میکنم.

***

"مصاحبه‌ام راباآیت الله‌خمینی درویلائی درکنارسن،

که به سختی ازطرف ژاندارم ها محافظت میشود، شروع میکنم. یک همافر (تصورمیکنم همان کسی است که به فرار خمینی کمک کرده است) کنار آیت الله نشسته است. آیت الله که برای فرار ریش خودرا زده و سبیل را رنگ کرده است چندسالی جوان تربنظر میرسد. از پنجره صدای تعدادی تظاهرکننده مخالف شنیده میشود:
حزب فقط حزب الله ـ میکشیمت روح الله

اشپیگل ـ حضرت آیت الله، امروزکه بعدازدوسال ونیم دوباره به فرانسه برگشته اید چه احساسی دارید؟
خمینی ـ هیچ.
اشپیگل ـ بفرمائیدچرا بحالت فرار از ایران خارج شدید و ازفرانسه تقاضای پناهندگی سیاسی کردید؟
خمینی ـ بسم الله الرحمن الرحیم. یکبار دیگردست امریکای جهانخوار از آستین این خائن ها بیرون آمد و یک همچه جنایتی را وارد کردند بر ملت ایران و این یک جریاناتی بوده و هست که همه ابرقدرت ها علی السواء همدستی کردند و توطئه کردند و همان کاری را برمن وارد کردند که یزید وارد کرد بر سیدالشهدا سلام الله علیه و ناتوان اعلام کردند من را از برای رهبری برحسب اصل ۱۱۱ قانون اساسی و یک توطئه بود و یک کودتای خزنده بود و خوف آن داشتم که توطئه کنندا زبرای جان من و تکلیف الهی بودکه دراین توطئه که برمن واقع شد خارج بشوم از ایران عزیز و مبارزه کنم ازبرای نجات وطن از این استکبارجهانی ابرقدرت ها.
اشپیگل ـ شما مکرر فرمودید که اکثریت ملت ایران پشت سرشما هستند و ارتش با شماست. دراینصورت میتوانستید

درمقابل این کودتای خزنده ، مردم و ارتش را علیه آنها بسیج کنید . آنها دربرابر اکثریت ملت و ارتش چه میتوانستندبکنند ؟

خمینی - ارتش را اینها میخواستندتضعیف کنندهمان ارتش راکه اینها به وجودش اشکال میکردندهمان ارتش که میگفتندطاغوتی است من استحکام کردم همین ارتش را از برای حراست مرزهای ایران عزیزامروزاین جنوداسلام همه با هم پشت سررهبرشان ایستاده اندلاکن من علاقه ای نداشتم که کشته بشوندجوان های ماکه شهیدبشوندازبرای محارست ازمن ولطمه ببینندزن ها وبچه های مردم مسلمان من ازارتشیان عزیزتمنی کردم که حرکتی نداشته باشنداز برای اینکه مع الاسف وقتی ارتش محاربه میکنند جنگ میشودتوفان میشودهی تاریک میشودهوا هی روشن میشود هواهی توپ انداخته میشود جوان های معصوم کشته میشوند . من علاقه به این دارم که این هاخودشان به هوش بیایندویک قدری تفکرکنندونکشند مملکت را به تباهی .

اشپیگل - تصورمی کنیداگردرایران میماندیدباوجود این وجههٔ ملی ازطرف آن ها خطری شما را تهدیدمیکرد ؟

خمینی - البته این ها قطره ای بیش نیستنددرمقابل این سیل خروشان ملت همیشه درصحنهٔ ما ، لاکن این‌ها ازز مان محمدرضا هم بدترمی کنند . این ها فاسدومفسدند .همین خلخالی دستش به خون آلوده است به دست این جنایتکار صدها مسلمان معصوم رحمت الله علیهم شهیدشدند . این‌ها رحم نمی کنند به من طلبه این ها خصومت دارندبا من ازبرای اینکه من نصیحتشان کردم که رهاکنند این راهی

را که دارند میروند موعظه شان کردم که نکنند این طور دیکتاتوری که خفه نکنند این طور صدای مردم را که نشکنند این طور قلم‌ها را که مسلوب نکنند این طور آزادی‌های مردم را که تعطیل نکنند این طور دانشگاه را، که نکشند این طور این دادگاه های انقلاب مردم بیگناه را.

اشپیگل - ولی حضرت آیت الله، آن طور که گفته میشد و شنیده میشد، تا قبل از برکناری شما از مقام رهبری، این اعدام‌ها وسلب آزادی ها با تائیید خود جنابعالی بوده است؟

خمینی - کذب است این ها تبلیغات مسموم ابرقدرتهاست این ها غافل کردند شما را این شیاطین که گفته اند من تأیید کرده ام این اعدام‌ها را شما نباید اعتماد کنید به این جور حرف‌ها بازی میدهند این ابرقدرت ها شما را، من وقتی به حسب آن چیزی که گفته میشد فهمیدم خلخالی آدم میکشد اشکال کردم به کارش صدبار اشکال کردم به کارش لاکن مع الاسف تنبه نشد وادامه داد به این تباهی ها و به این جنایت ها.

اشپیگل - شما که میفرمائید با این کشتارها و افراطکاریها و اختناق ها موافق نبودید آیا نمیتوانستید موضوع را علنا " به مردم بگوئید و از مقامتان استعفاء بدهید تا آنها در مقابل مسئولیتشان قرار بگیرند؟

خمینی - من اگر استعفا میکردم با آن جریاناتی که بود و با آن جنایاتی که بر مردم معصوم وارد میشد با آن قدرت های شیطانی که داشتند اقتداری برایم نمی ماند که محارست کنم از ملت عزیز ایران این طور نیست که من

فقط مانده باشم واشکال نکرده باشم، ماندم لاکن اشکال کردم به کار آن ها نامه نوشتم به شورای انقلاب نامه نوشتم به مجلس گفتم به آن ها که متنبه بشوید و از این نصیحت عبرت بگیرید و به تباهی نکشید خودتان را و منقطع نکنید خودتان را از ملت و تبری نکنید از ملت و خصومت نکنید با ملت .

اشپیگل — پس در واقع علت اساسی برکناری شما از مقام رهبری همین دفاع شما از حقوق و آزادی های ملت بوده است ؟

خمینی — البته یک چیزهائی بوده است که خلاف قانون بوده است و من همیشه تنبه داده ام و نصیحت کرده ام این ها را البته این طور نبوده که برحسب روایت در روزنامه های غربی نوشته شده و منعزل کرده باشد ملت عزیز ایران رهبرش را لاکن کودتای خزنده روزی بر بنده واقع شد که دیدند از برای من ملت و ملی گرائی عزیز است محترم است این ها رفتند القاء رعب کردند به مردم که ملی گرائی بد است و خوب نیست و این طور است و چه طور است . لاکن این ها نشناخته اند ملت ایران را این ها گمان میکنند که همان ملت زمان محمدرضاست ملت عزیز ایران حمایت میکند از من همه اقشار علی السواء مسابقه میکنند برای خدمت به من ، همین کوخ نشین ها مسابقه میکنند برای خدمت به من همین بلوچ ها و کردها و ترکمن ها مسابقه میکنند برای خدمت به من .

اشپیگل — ولی حضرت آیت الله ، از این هائی که فرمودید ، بعضی ها، مخصوصا " کردها، از دست شما خیلی زجر کشیده اند ؟

خمینی - این القاء شبهه شیطان بزرگ است روزی که حمله برکردستان واقع شد من با وجود کسالت در مریضخانه بودم گفتم به آن ها که وارد نکنید یک همچه جنایتی بر ملت کرد . این طور نبوده است که من خصومتی کرده باشم با ملت کرد ، لاکن این ها قتل کردند در کردستان به تباهی کشیدند کردستان را تا لطمه بزنند به من تا توطئه کنند به من .

اشپیگل - بفرمائید چه موقع به فکر فرار از ایران و شروع مقاومت افتادید ؟

خمینی - من بنا براین نداشتم که مقاومت کنم که جنگ بشود و هی توپ و تفنگ در برود و جوان های معصوم شهید بشوند . من علاقه به این داشتم که تسلیم بشوم به سرنوشتم لاکن روزی که آن مسائل را فراهم آوردند و منعزل کردند من را از رهبری برگشتم به جماران این والد احمد آقا خیلی مقابله کرد یک حرف هائی زده شد و یک دادو بیدادهائی واقع شد به بنده گفت از شهادت خوف داری بنده او را توجه کردم که ما نگرانی نداریم از شهادت در راه ایران عزیز و اسلام عزیز چقدر مادرها بدون اینکه کسی الزامشان کند هی می آمدند گریه میکردند و به ما میگفتند دعا کنید شهید بشوند بچه ها مان میگفتند بچه های دیگر هم داریم شهید بشوند همچه ملت شهید پروری از شهادت خوف ندارد لاکن والد احمد آقا خیلی من را تنبه کرد خیلی نصیحت کرد که باید مقاومت کنی من هم بالاخره بنا را بر این گذاشتم که با اتکال به خداوند تبارک و تعالی بیایم و مقاومت کنم و رسوا کنم اینهائی را که میخواهند دوباره اسیر کنند ملت ما را به دست ابرقدرت ها اینهائی که میخواهند دیکتاتوری کنند اینهائی که میخواهند

قلم‌ها را بشکنند اینها ئی که میخواهند شهید کنند جوان های بیگناه ما را .

اشپیگل - آیا درپایان این مصاحبه پیامی برای ملت ایران دارید؟

خمینی - من نصیحت میکنم ملت ایران را موعظه میکنم ملت ایران را که خوف نکنند از اینها ملت باید مبارزه کند با این مستکبرین ملت نباید هیچ تصوراین را بکنند که سستی بکنند درمبارزه وکوتاهی بکنند دراین مبارزه با خصوم فرهنگ ایران . با این خصوم ملیت ایران با این خصوم استقلال ایران همین طورکه من طلبه مبارزه میکنم ازبرای اینکه بخواست خداوندتبارک وتعالی به فخربرسانم ملت عزیزایران را وا سلام عزیزرا .
خداوندان‌شاءالله همه شما را وهمه ما را وهمه ملت را به لقاء خودش مشرف کند . والسلام علیکم ورحمة الله وبرکاته .

اشپیگل - حضرت آیت الله ، با اینکه مصاحبه تمام شد میخواهم یک سئوال خصوصی ازحضورتان بکنم : این آقای هما فرکه اینجا نشسته همان کسی نیست که به شما درفرارتان ازایران کمک کرد؟

خمینی - نخیراین احمدآقای ماست که ریشش را زده لباس همافری پوشیده .احمد ، سلام کن به آقا !

(۳۰ مرداد ۱۳۶۰)

شنیدم گوسفندی را...

حادثه در یک پرده و یک اپیلوگ
(براساس مسئله ۲۶۳۲ توضیح المسائل خمینی)

مسئله ۲۶۳۲ ـ اگر با گاو و گوسفند و شتر نزدیکی کنند، بول و سرگین آن ها نجس می شود و آشامیدن شیر آن ها هم حرام است و باید بدون آنکه تاءخیر بیفتد آن حیوان را بکشند و بسوزانند و کسی که با آن وطی کرده، پول آنرا به صاحبش بدهد بلکه اگر به بهیمهٔ دیگری هم نزدیکی کند شیر آن حرام میشود.

محل : دادگاه انقلاب اسلامی

اشخاص :

متهم : مش کرمعلی گوسفندی ، چهل و چندساله.
شاکی : حجت الاسلام سیدمحمدحسین ازگلی ، سی و چند ساله.
قاضی شرع : حجت الاسلام والمسلمین اوشانی.
دادستان : برادر علیخانی تبریزی.
منشی دادگاه.
پاسداران.

دادگاه با تلاوت آیاتی از کلام الله مجید شروع میشود :

قاضی شرع ـ متهم، مش کرمعلی ، بلند بشوید و خودت را معرفی بکنید ! اسم و شهرت و اسم پدر؟

متهم ـ کوچیک شما ، مش کرمعلی پسرچرا غعلی شهرت جوزا ری .
قاضی ـ شما قبول داری که نسبت به حضرت آقای حجت الاسلام اُزگُلی ایرادضرب وجرح منجربه نقص عضوکرده ای ؟
متهم ـ آقای رئیس ، باین قبله محمدی ، باین سوی چراغ ... مانوکرآقای ازگلی هستیم، نوکرشمائیم ، ما ...
قاضی ـ گفتم قبول داری یانه . جوابش یک کلمه بیشتر نیست یا بله یا نه . مدافعاتت را بموقع خواهی کرد .
متهم ـ آقای رئیس ، به قمربنی هاشم ما بی تقصیریم، اصلاً" این آقا نبودکه باگوسفندما بی ناموسی میکرد ... اصلاً" گوسفندهای ما خودشان بی ناموسند .
قاضی ـ پس قبول نداری . بنشین ! اگربرادرعلیخانی ، دادستان دادگاه نظری نداشته باشند ، منشی دادگاه ادعانامه را بخواند !
منشی ـ (میخواند) بسمه قاصم الجبارین، به عرض ریاست محترم دادگاه انقلاب اسلامی میرساند : متهم مش کرمعلی فرزندچراغعلی شهرت جوزاری ، معروف به کرمعلی گوسفندی شغل گوسفنددار ، متهم است که ساعت یک بعداز نیمه شب پنجشنبه سیزدهم ماه رمضان المبارک گذشته ، هنگامی که حضرت آقای حجت الاسلام سیدمحمدحسین اُزگُلی عموزادهٔ حضرت آیت الله ازگلی اعلی الله مقامه ، وی راامربمعروف ونهی ازمنکرفرموده اند ، با همدستی برادرِ فعلاً" متواریش، ایشان را مضروب ومجروح کرده وشدت ضرب وجرح به حدی بوده است که بنا به گواهی دونفرازبرادران پاسدار ، به علت پاره شدن پردهٔ گوش ، مجنی علیه

شنوائی گوش چپ خودرا به میزان ۱۰۰ درصد، وشنوائی گوش راست را به میزان ۷۵ درصد ازدست داده است. متهم موصوف ضمن بازجوئی به این عمل ضدانسانی وضدانقلابی خودا قرارضمنی کرده‌است ولی علاوه براینکه هیچگونه اظهارپشیمانی ننموده با واردآوردن اتهامات گوناگون به شاکی واهانت به مقدسات امت مسلمان، ماهیت ضدانقلابی خودرا کاملا" بروزداده است. توضیحا" معروض میدارد که حضرت حجت الاسلام ازگلی، که فداکاری های ایشان درصف روحانیت مبارزتهران، بخصوص دربهمن ماه ۱۳۵۷ درکنار مبارزان کبیر، حضرت حجت الاسلام والمسلمین آقای رفسنجانی وحضرت حجت الاسلام خلخالی وحضرات مرحومین آیات عظام مطهری وقدوسی نوّرالله مضجعهما، اظهرمن الشمس است وجانفشانی های ایشان دراعتصاب روحانیون درمسجددانشگاه تهران، حاجتی به شرح و بیان ندارد، درمقابل امربه معروف ونهی ازمنکر، از طرف متهم موردفحاشی وضربات سیلی قرارگرفته‌اند. مضافا" باینکه متهم حین بازجوئی باکمال بی شرمی، به جناب ایشان اتهامات موهن وزننده‌ای واردآورده است. برای روشن شدن ذهن قاضی محترم شرع دادگاه انقلاب اسلامی، قسمت هائی ازصورتجلسه بازجوئی متهم راکه دلالت داردبر:

۱ ـ اقرارنامبرده بهایرادضرب وجرح بوسیله برادرش.

۲ ـ اقراربه خصومت دیرین باحضرت حجت الاسلام ازگلی.

۳ ـ اهانت به استضعاف خانواده‌ٔ ایشان، به استحضار دادگاه محترم میرسانند...

قاضی ـ برادرعلیخانی، دادستان محترم، فکرنمیکنید

خواندن مهملات این ملعون دردادگاه باعث تکدرخاطر حضرت حجت الاسلام ازگلی بشود؟ میتوانیم رای را صادر کنیم.

دادستان - خیر، از این مهملات گردی به دامن منزه حضرت آقای ازگلی نمی نشیند. وانگهی ایشان فعلا" در دادگاه حضورندارند. به‌طوریکه ازدفترایشان اطلاع دادندامروزدرمسجدموسی‌مبرقع سخنرانی دارند.

قاضی - دراین صورت برادرمنشی ادامه بدهد!

منشی - (به‌خواندن ادامه‌میدهد)، متهم دراولین بازجوئی، مضبوط درصفحه ۱۱ پرونده، عینا"میگوید:
" ماخوابیده‌بودیم، غلامعلی داداشمان ازخواب پریدبه ماگفت بدوکه‌گرگ آمده توآغل ... آخه ما چهل پنجاه‌تا گوسفندومیش داریم ... ما پشت سرش رسیدیم‌توآغل. دیدیم داداشمان ازاینوروانورخوابا ندتوگوش یکی... ما فقط سرتراشیده‌وریش سیاهش را دیدیم. پیراهن زیرشلواری سفیدتنش بود. گفتم‌چی شده، غلامعلی گفت این بی پدرداشت بایکی ازگوسفندها بی ناموسی میکرد. ماخودمان هم‌دست بلندکردیم بزنیم توپوزش، اما باین قبله‌محمدی نزدیم واسه‌اینکه‌دیدیم‌آقای ازگلی خودمان هستند، آخه عمامه‌سرشان نبودما اول بجا نیاورده‌بودیم".
بازجوی دادستانی انقلاب به‌اویادآوری میکندکه‌به‌فرض صحت، وطی باگوسفندگناهی نیست ومجازاتی نداردو کتک زدن نداردوشرعا" بایدگوسفندرابسوزانندوکسی که باحیوان وطی کرده‌فقط بایدقیمتش رابپردازد.متهم با کمال بی شرمی پاسخ می دهد:
" آخه آقا، این غلامعلی ما خیلی ناموسیه‌اگرجلویش

را نگرفته بودیم خون بپا میکرد، تازه حق داشت خلقش تنگ بشه، واسه اینکه این آقای ازگلی دفعه اولش نبود که سراغ گوسفندهای ما میآمد... "

قاضی ـ ببینم، مقصودش این بوده که حجت الاسلام ازگلی خدای نکرده با گوسفند ...؟ استغفرالله! تکبیر!

حاضران ـ الله اکبر، الله اکبر، الله اکبر، خمینی رهبر.

متهم ـ آقای رئیس، ما غلط کردیم این حرفها را زدیم. ما نوکر آقای ازگلی هستیم. آقای ازگلی امام ماست. ما پشت سرشان نماز میخوانیم...

دادستان ـ همه جنایتکاران وقتی می بینند دست عدل اسلامی گلویشان را گرفته وراه فراری ندارند، پشیمان میشوند ولی حالا دیگر پشیمانی فایده ای ندارد. این مهملات را شما گفته ای یا نه؟

متهم ـ آقا، به قمر بنی هاشم تقصیر ما نبود. این آقای آیت الله بازجو ما را قسم داد که هرچی میدانیم راستش را تعریف کنیم. ما هم به ضریح مطهری که گرفته بودیم قسم خوردیم. آخه ما چه گناهی داریم؟

قاضی ـ (به دادستان، آهسته) بازجو کی بوده؟

دادستان ـ (آهسته) حجت الاسلام ورداوردی.

قاضی ـ (با لبخند، آهسته) آهان، صحیح، جزء همان باند آقای منتظری! ... (به منشی) ادامه بدهید!

منشی ـ ... دفعه اول پیش از انقلاب بود که آمد تو آغل ما، آنوقت هنوز آقا نشده بود، عمامه ای نبود. وقتی مچش را گرفتیم گفت صداش را درنیاریم پولش را میده.

ما یک گوسفندپروا رسی منی را سربریدیم وآتش زدیم .بعد پولش‌راکه طلبکاری کردیم، گفت حالاندارم، بعد همهی سرمان دواند. ماگفتیم اگرندهی به‌همه‌اهل ده بروز میدهیم. برگشت توچشم‌ما گفت اگردستم را روکنی منهم‌به همه‌میگویم راستش نمیدانم کدام‌گوسفندبوده، آنوقت با یدهمه‌گوسفندهایت راآتش بزنی، بعدهم دیگرهیچوقت هیچکس گوسفنداز‌تونمی بره. ماهم دهنمان راچفت کردیم...

متهم - آقای رئیس، ماغلط کردیم، مابه‌گورپدرمان خندیدیم‌این‌غلط‌های‌زیادی راکردیم. مااین خانه‌خشت وگلی راکه‌آقا بهش نظردارند، بخشیدیم به‌آقا ما را براه خداآزادکنیدبریم خاک خودمان رابسرمان کنیم!

قاضی - برادران پاسدار، متهم راسرجایش بنشانند.

متهم - آخ!

قاضی - برادرمنشی ادامه‌بدهد!

منشی - ... درصورتجلسه مضبوط درصفحه ۱۳ پرونده از زبان متهم میخوانیم: " ماهمان چندوقته‌شش تا گوسفندمان راهمین طوری سربریدیم‌آتش زدیم .تاجائی که‌غلامعلی یک روزبه‌ماگفت: داداش‌چطوره دیوارآغل رابالاببریم .بعدهم خشت وگل ریخت ودست بکارشد،کلی خرج گذاشت‌گردن ما. مابهش‌گفتیم آغل میش‌ها را ول کن واسه‌اینکه این آقا میش بازنیست قوچبازه.."

ودرهمین صفحه بازجوئی میخوانیم‌که‌متهم‌میگوید:" ما به‌این علی چوپان سفارش‌کرده بودیم‌که‌وقتی گوسفندها رامیبره چرا، ازجلوی خانه آقا ردنشه، واسه‌اینکه دیده‌بودیم یک نگاه‌هائی به‌این پروپاچه‌گوسفندهای ما

میکردکه ما جای آن ها ازخجالت تا بنا گوشمان سرخ میشد ... میگفتیم اگرآقا با زچشمش به گوسفندها بیفته با زهم خاطرخواهیش گل میکنه شب میادسراغشان ...

قاضی ـ استغفرالله! تکبیر!

حاضران ـ الله اکبر ، الله اکبر، الله اکبر، خمینی رهبر.

قاضی ـ برادرمنشی ادامه بدهد!

منشی ـ ... ودرموردا هانت به استضعاف خانوادگی حضرت حجت الاسلام ازگلی اظهارات متهم مضبوط درصفحه ۱۵ پرونده قابل ملاحظه است . بازجوبه متهم اظهار میدارد که بموجب گواهی دونفرازبرادران پاسدار سیلی‌های برادرمتهم موجب پارگی پرده‌گوش واز دست دادن شنوائی به میزان ۱۰۰ درصد درگوش چپ و نقصان شنوائی به میزان ۷۵ درصد درگوش راست ایشان شده است ، متهم جواب می دهد: " آقا ، ما سوادنداریم این صدبه صدوگوش‌به‌گوش واین حرف ها حالیمان نیست . اما به‌این قبله محمدی به‌این سوی چراغ،این ازاصل کر بود. ازهمانوقت که‌توحرم حضرت شابدولعظیم کفشدار بود ، بهش میگفتندحسین کره ... به‌نشانی اینکه یک دفعه هم یک جفت گیوه‌نوما را بلندکرد." که‌کاملا" روشن است اهانت به اقشارمستضعف منظورومقصودمتهم بوده است ...

متهم ـ آقای رئیس ، به‌قمربنی هاشم ...

قاضی ـ پاسداران،متهم راسرجایش بنشانند!

متهم ـ آآخ ! آآخ !

منشی ـ ... همچنین دردنباله همین موضوع، مضبوط در

ذیل هما ن صفحهٔ پرونده میگوید : " این آقا یک گوشش از اول کربود ، حالاهم نمیدانیم بیشترکرشده یا شدیانه ، اما امتحان کنیدصدای بع بع گوسفندرا ازنیم فرسخی میشنود . . . "

قاضی ـ استغفرالله ! تکبیر !

حاضران ـ الله اکبر ، الله اکبر ، الله اکبر ، خمینی رهبر .

منشی ـ دادستانی دادگاه انقلاب اسلامی وقوع جرائم مذکوررا نسبت به شخص حضرت حجت الاسلام ازگلی محرز میداندو . . .

(صدای صلوات ازخارج دادگاه بلندمیشود ، یک پاسدار ازخارج دررا بازمیکندواعلام میکند : حضرت آیت الله ازگلی)

قاضی شرع ـ بفرمائید ، حضرت حجت الاسلام !سلام علیکم .

حجت الاسلام تنومندبین دوپاسدار ژ ـ سه به دست وارد میشود .

حجت الاسلام ـ سلام علیکم .

(همه به احترام اوبلندمیشوند) .

قاضی ـ بفرمائید ، بفرمائیدبنشینید . چطوراست حال حضرت عالی ؟

حجت الاسلام ـ بله ؟ چی فرمودید ؟

قاضی ـ (خیلی بلند) حال حضرتعالی انشاءالله خوبست ؟

حجت الاسلام ـ بله ، الان تمام شد . مجلس خوبی بود .

قاضی ـ (خیلی بلند) انشاءالله فرصت داریدکه تا آخر محاکمه تشریف داشته باشید ؟

حجت الاسلام ـ بله ، راجع به ولایت فقیه در مسجد موسی مبرقع سخنرانی داشتم . (می نشیند).
قاضی ـ برادر منشی ادامه بدهد !
منشی ـ ... ودرنتیجه دادستانی دادگاه انقلاب اسلامی ازدادگاه محترم انقلاب اسلامی ازنظرحقّ الناس صدور حکم قصاص درباره متهم را تقاضا دارد. ازنظرحقّ الله نیزبا توجه به اینکه شخص مورداهانت وضرب وجرح یکی از فرزندان جان برکف انقلاب اسلامی است که ازطرف حضرت آیت الله العظمی امام خمینی مدظله العالی مکرر...
حاضران ـ الله اکبر، الله اکبر، الله اکبر، خمینی رهبر.
منشی ـ ... مکرربعنوان یکی ازشایسته ترین نگهبانان انقلاب وجنود اسلام ازایشان یادشده است ،عمل متهم از هرنظریک عمل ضدانقلابی درخدمت صهیونیسم جهانی و امپریالیسم امریکای جهانخوار محسوب میگردد ،بنائا" علیهذا دادستانی ، فساددرزمین ومحاربه با خداورسول خداوامام امت راازطرف متهم موصوف محرزمیداندودراین موردنیزتقاضای صدورحکم شرعی دارد. والسلام علیکم و رحمت الله وبرکاته ـ دادستان دادگاه انقلاب اسلامی ، سیدنصرالله علیخانی تبریزی .
متهم ـ یعنی ما ضدانقلابیم ؟ ... ای آقای رئیس ، ای آقای رئیس ، به این قبله محمدی، به این سوی چراغ.. . آخه ماکه سه ماه آزگار کسب وکارمان را ول کردیم ، توی خیابان ها دادکشیدیم مرگ برامریکا ...
قاضی ـ برادران پاسدار !
متهم ـ آخ ! آخ ! ... آقای رئیس ما خودمان صدتا

ضدانقلاب را ... آخ !
قاضی ـ حضرت حجت الاسلام ازگلی ، به عنوان شاکی خصوصی اگرفرمایشی دارند بفرمایند ... مثل اینکه نشنیدند . برادرمنشی ، این عرض مرا روی یک کاغذیادداشت کنید ملاحظه کنند !
(منشی یادداشت میکندوبه آقای ازگلی میدهد) .
حجت الاسلام ازگلی ـ بسم الله الرحمن الرحیم . وفی القصاص حیاة یا اولوالباب . بنده تقاضایم را قبلا " به محضردادستانی محترم انقلاب اسلامی اعلام کرده ام . از نظرحق الناس بنده اهانت ها وتهمت های متهم را به حسب امرالهی می بخشم ، لاکن برای ضرب وجرح تقاضای قصاص دارم وبه لحاظ اینکه شخصا " دراثرضربات وارده قوت وقدرت ندارم که به گوش متهم سیلی ها را به نحوی بزنم که منجربه پاره شدن پرده گوشش بشود ، علیهذا به برادرمصطفی کل مهدی ، معروف به مصطفی گاریچی ، که الان بیرون دادگاه منتظراست ، وکالت میدهم که به جای بنده دوسیلی قصاص را به متهم بزنند ...
متهم ـ یاقمربنی هاشم ، خودتان به دادمان برسید ! آقای رئیس ، این مصطفی گاریچی ...
قاضی ـ برادران پاسدار !
متهم ـ آخ ! ... آقای رئیس ، این پارسال یکی زد توگیجگاه گاومیشِ رحیم شیری ، گاوجابجاسقط شد ... آخ ! ... آقای رئیس ، مابه چک دوم نمیرسیم ،آخه رحم کنید ... آخ !
حجت الاسلام ازگلی ـ ... لاکن ازنظرحق الله ، البته به نظرقاضی محترم شرع واگذارمیکنم .

قاضی ـ متهم، ادعانامه دادستان را شنیدی، اظهارات حضرت حجت الاسلام ازگلی را هم که با کمال سعهٔ صدر قسمتی ازگناهان ترا عفو فرمودند، شنیدی ...

متهم ـ خدا انشاء الله سایهٔ آقای حجت الاسلام را از سر ما کم نکنه، اما اگر مصطفی گاریچی به ما چک بزنه دیگه گذشت آقا بدرد دنیای ما نمیخوره.

قاضی ـ حالا اگر در دفاع از خودت حرفی داری بزن!

متهم ـ والله آقای رئیس، چه عرضی داریم. ما غلط کردیم که داداشمون آقا را زد. الهی این دست های دست بندزدهٔ ما چلاق بشه که داداشمون زد توگوش آقا. خدا بسر شاهده ما از این غلط ها بلد نبودیم بکنیم. آن آقای بازجو ما را هی شیر کرد که حرف بزنیم. قسممان داد که هرچی میدانیم بگیم ... اصلاً" ما آقای ازگلی را قربانشان بریم ندیدیم. یعنی دیدیم، اما توآغل ندیدیم. اصلاً" آقا ازگوسفند بدشان میاد ...

قاضی ـ توکه با زداری جرائم خودت را سنگین ترمیکنی. خوشبختانه آقای ازگلی نمی شنوند. ازخودت دفاع کن!

متهم ـ والله آقا ما سواد نداریم. ما چی عرض کنیم که خدا را خوش بیاد ...

قاضی ـ در این صورت ختم محاکمه اعلام میشود.

از بیرون دادگاه صدای شعارهای جمعیتی شنیده میشود:

کرمعلی گوسفندی اعدام باید گردد.

<u>یک دقیقه بعد:</u>

قاضی ـ برادر منشی دادگاه، رای دادگاه را قرائت کند!

منشی ـ بسمه قاصم الجبارین. دادگاه انقلاب اسلامی بعد از رسیدگی کامل به موارد اتهام مشکرمعلی فرزند

چرا غعلی معروف به‌کرمعلی گوسفندی واستماع ادعا نامه دادستان وشهود واظهارات شاکی ومتهم وشورکافی، رای خودرا بشرح زیرا علام میدارد: به‌عنوان حق الناس متهم کرمعلی فرزندچرا غعلی را ازنظرایرادضرب وجرح مشمول قانون قصاص ومستحق مجازات میداندوباستنادماده ۷۵ قانون مذکورمقرر می‌داردکه مجنی علیه حضرت حجت الاسلام سیدمحمدحسین ازگلی قصاص را به‌وسیله‌وکیل خود مصطفی کل مهدی معروف به‌مصطفی گاریچی، درباره متهم اجرا نمایند. به‌لحاظ حق الله با توجه به‌اینکه شخص مضروب یکی از ارکان مهمه‌جمهوری اسلامی وازخدمتگزاران صدیق امام امت مدظله‌العالی میباشد، ومتهم‌به‌این امرعلم واطلاع کافی داشته‌است وبه‌نظرمیرسدکه به‌تحریک ایادی خارجی یک نقشه خائنانه صهیونیسم‌وامپریالیسم امریکای جهانخوار را اجرا کرده، مضافا "به‌اینکه ضمن بازجوئی به‌مقدسات امت شهیدپروروهمیشه درصحنه اهانت غیرقابل بخششی کرده‌است، عمل اویک اقدام ضدانقلابی‌شناخته میشود. بناءً علیهذا وی را به‌عنوان مفسدفی‌الارض ومحارب با خدا ورسول خدا وامام امت به‌اعدام محکوم ...

متهم ـ ای آقای رئیس ما عرض داریم. باقیش را نفرمائید تا یک کلمه عرض ما را بشنفید. آخ!

قاضی ـ برادران پاسدار بگذارید متهم حرفش را بزنند.

متهم ـ به‌این قبله‌محمدی ما بیگناهیم ... ما نوکر آقای آیت الله‌ازگلی هستیم. اصلا" ماخریم، اصلا" گورپدرگوسفندهای ما، اصلا" تمام گوسفندهای ما فدای یک تارموی آقای ازگلی، اصلا" گوسفندهای ماخودشان

بی نا موسند. اصلا" نا موس ندارند، اصلا" خودشان رفته اند سراغ آقای ازگلی، اصلا" ناموس گوسفندهای ما فدای سر امام خمینی ...

حاضران ــ الله اکبر، الله اکبر، الله اکبر، خمینی رهبر.

متهم ــ ای آقای رئیس، جان بچه هاتان، جان امام، اجازه بدیدما یک دقیقه با آقای آیت الله ازگلی تنهائی حرف بزنیم.

قاضی ــ اگرحضرت حجت الاسلام موافقت بفرمایندما حرفی نداریم.

حجت الاسلام ــ بنده مخالفتی ندارم.

قاضی ــ دراین صورت چنددقیقه تنفس اعلام میکنم. ما برای اقامه نماز میرویم. برادران پاسدار حضرت حجت الاسلام را با متهم تنها بگذارند.

اپیلوگ

متهم ــ گوش راستت را بیا رجلو! ...آ ممدحسین آقا حالا که تنها شدیم ...

حجت الاسلام ــ زهرمار روآ ممدحسین آقا، ادبت کجا رفته، ملعون ضدانقلاب؟

متهم ــ ببخشید، غلط کردیم. ما سوادنداریم ...آقای آیت الله، ما نوکرشمائیم. نگذاریدناحق ونا روا ما را تیربارا ن کنند. ما زن وبچه داریم .ما رادم گلوله ندید.

(حجت الاسلام چهارزانوروی نیمکت می نشیند.تسبیح می اندازدوزیرلب دعا می خواند)

متهم ــ بیا ئیدصدتاچک بما بزنیدجای دا داشمان ما را

به راه خدا آزادکنید. ما دستتان را میبوسیم. (دست اورا میگیرد، مکرر میبوسد)
حجت الاسلام ــ ...
متهم ــ آخه یک چیزی بفرمائید، ما تا آخرعمرنوکریتان را میکنیم . بیائیدوآقائی کنید.
حجت الاسلام ــ ...
متهم ــ این خانه بی قابلیت ما هم مال شما ، به همان قیمتی که خودتان خواسته بودید...
حجت الاسلام ــ ...
متهم ــ بیست تومنش هم هیچی ...
حجت الاسلام ــ من ممکن است ازحق الناس گذشت کنم ولی حق الله راکاری نمیشودکرد.
متهم ــ ده تومن دیگه هم ندید، حق الله را هم صاف وصوف کنید.
حجت الاسلام ــ حق الله را به این آسانی نمیشودصاف و صوف کرد، بیچارهٔ مرتد!
متهم ــ اگراین آقایی را بفرمائیدآن گوسفندشالیه... میدانیدکدام را عرض میکنم؟ آن دست وپا سفیده ،دنبه گنده... آنرا میفرستم منزل کوچیکیتان را بکنند.
حجت الاسلام ــ استغفرالله ازدست تومش کرمعلی ... تو هم خیلی زبان بازهستی ها! حالامن یک صحبتی با قاضی شرع میکنم ببینم چه میشود!
صدای سرود امت حزب الله شنیده میشود :
الله اکبرــ الله اکبر ــ خمینی رهبر.
این بانگ آزادی کزخاوران خیزد
فریاد انسانهاست کزبیکران خیزد

این خروش خشم انسان های دربنداست

حبل المتین توده های آرزومنداست

الله اکبر ـ الله اکبر ـ خمینی رهبر

(۱۳ فروردین ۱۳۶۱)

خمینی در بهشت

بمناسبت سومین سالگردشهادت استاد مطهری ، روزنامه " جمهوری اسلامی" درشماره یکشنبه ۱۲ اردیبهشت ، مرثیه سوزناکی تحت عنوان " شهیدعشق مطهری" چاپ کرده است که درآن میخوانیم :

" جای تورا درمجالس ومحافل ، دردانشگاه وحوزهٔ علمیه، درمسجدوحسینیه خالی می بینیم ، گرچه اینک جمعتان جمع است ، ودرفردوس اعلی کنارشهدای بزرگواری همچون آیةا ... بهشتی،آیةا ... مدنی ، آیةا ... دستغیب ، رجائی ، باهنر ، هاشمی نژاد ، مفتح ،قدوسی، قاضی طباطبائی ، آرمیده اید وازرضوان الهی بهره مندید ... "

این جمعِ جمع را دربهشت مجسم بفرمائید! بنده که ابدا" میلی به رفتن به بهشت با وجوداین آقایان ندارم و دوزخ را با همهٔ سوزوسوختش انتخاب میکنم .

بقول سعدی شیراز :

کس نیاید به پای دیواری که برآن صورتت نگار کنند
گرترا دربهشت باشدجای دیگران دوزخ اختیار کنند

این ازمن ، شما چطور؟ حاضریدبا وجوداین جماعت به بهشت بروید؟ ... نمیدانید؟ ... پس بیائیدنگاهی به

بهشت بیندا زیم ،ا ما بهشت چندسا ل بعدکه " آ قا " و "اتباع" هم‌به‌جمع کنونی ملحق شده‌با شند .

*

گزا رش ا زجبرئیل ا مین

پیشگا ه مبا رک خدا وندگا ری ا روحنا فدا ه

توقیرا " بشرفعرض پیشگا ه مبا رک میرسا ند ،

پیروگزا رشهای معروضه‌قبلی دربا رهٔ مزا حمت‌ها ئی که دا رودسته‌آ قا ی خمینی برا ی مقیمین محترم بهشت فراهم آورده‌ا ند ، برحسب ا وا مرمطا ع مبا رک ، با همکا ری سا زما ن ا طلاعا تی ۳۶ میلیا ردی بهشت ، تحقیقا ت‌کا فی بعمل آ مد .بنظرچا کرمسا ئل ومشکلات طوری ا ست‌که به‌آ سانی قا بل حل وفصل نمی با شدوا صلح ا ینست‌که بخش ا ین آ قا یا ن ا زسا یرقسمت ها ی بهشت ا زطریق دیوا رکشی جدا شود. به‌عنوا ن توضیح بیشتربه‌چندمسئله که‌مبتلابه روزا نه‌ما موران ، ا زملائک مقرب گرفته‌تا فرشتگا ن مهما ندا روفرشتگا ن محا فظ میبا شد، ا شا ره‌مینما ید :

۱ ــ مسئله بهدا شتی

یکی ا زا هم مشکلات روزمره ، مسئله‌نظا فت‌حوض‌کوثر ا ست . آ قا یا ن حجج ا سلام بهیچوجه حا ضربه‌کمترین گذشتی درجهت رعا یت ا صول بهدا شتی به‌منظورحفظ محیط زیست ا ین حوض ومتعلقا ت‌آ ن نیستند. توضیح آ نکه هرکدا م از آ نها روزا نه دوا لی چها ربا ربرا ی غسل جنا بت به‌حوض مذکوروا ردمیشوند و به‌خوا هش مکررسرپرستا ن ومربیا ن دا ئربرگرفتن دوش قبل ا زدخول درآ ب ، ا عتنا ئی نمی نما یند. مضا فا " به‌ا ینکه ا زپوشیدن ما یو ، به عنوا ن ا ینکه یک ا ختراع غربی ا ست‌خوددا ری و با

لنگ های مشکوکی آب تنی میکنندو از طرفی حین غسل، گذشته از بعضی حرکات ناشایست آلوده کننده، از شستن دهان وبینی مضایقه ندارند. درنتیجه سایر مقیمین به علت آلودگی بیش از حد آب این حوض، همگی به چشمه سلسبیل هجوم آورده اند، که علیرغم احداث یک باب استخر جدید زیر چشمه سلسبیل، ازدحام بیش از اندازه مانع نظارت دقیق مربیان و ماموران نجات غریق شده و درهفته گذشته چند مورد خفگی در آب داشته ایم.

۲ - مسئله روابط خانوادگی

آقایان علماء اعلام دارودسته آقای خمینی با اینکه خودشان همه جا میروندو از نعمت های بهشتی به حد افراط بهره مند میشوند به همسرانشان اجازه بیرون آمدن از خانه ومعاشرت با غلمان را نمیدهندو این امر موجب برخوردهای ناهنجاری درمحیط آرام بهشت میشود. بعنوان نمونه سه روزقبل شهیدسیدعلی خامنه ای درحالیکه با یک حوری دست درگردن گردش می کرده درپارک مجاور درخت سدرة المنتهی، همسرش را با مردی که بازوبند مخصوص غلمان را داشته، درحال صحبت دیده است. با سبعیتی دوزخی به مردنامبرده حمله واورا مضروب ومجروح کرده است بطوریکه نامبرده هم اکنون دربیمارستان شماره ۱۳ غلمانیه بستری است وبه علت اصابت لگدبه زیرشکمش احتمالا" برای همیشه ازانجام وظیفه محروم خواهدشد. سیدعلی نامبرده سپس همسرش را مجبوربه سرکردن چادر وروبنده نموده است. (ماموربن انتظامی به ملاحظه حفظ زیبائی محیط پارک ازاین عمل وی ممانعتی به عمل نیاورده اند.)

۳ - مسئله بیکاری

بیکاری آقایان یکی ازموجبات عمده‌ٔ مزاحمت‌هائی است که برای دیگران فراهم می‌آورند. روزانه صدها نامه به کمیسیون عرایض مینویسندومصرانه تقاضای ایجاد تکیه و مسجدبرای تشکیل مجالس روضه‌خوانی مینمایند. حتی چندروزقبل شهیدفلسفی درمحوطه‌ٔ زیردرخت طوبی، درهوای آزادمجلس روضه‌خوانی ترتیب داده که چندنفر ازآقایان منبررفته‌اندوخواندن روضه‌ٔ دوطفلان مسلم به‌وسیله‌یکی ازآن‌ها، موجب اعتراض شدیددوطفلان، که اکنون ماشاءالله مردهای برومندی شده‌ودربهشت مصدر خدمات مهمی هستند، شده‌است. عده‌ای نیزبه‌علت عدم توانائی ترک عادت، به‌حفرقبردرچمن های بهشت مشغول شده‌اند. ازطرفی شهیدان موسوی تبریزی وخلخالی طی نامه‌های مکررمصرا" تقاضادارندکه‌هفته‌ای چندنفراز دوزخیان برای اعدام به آنهاسپرده شوند.

۴ - مسئله خوراک

آقایان، بخصوص مدرسین حوزه‌ٔ علمیه‌ٔ قم، به‌علت افراط درخوردن عسل وشیروانجیروشرابا" طهورا، غالبا" به‌ناراحتی جهازهاضمه مبتلاودربیمارستان بستری هستند. واین امرعلاوه‌براینکه موجب اشغال اکثراطاق های بیمارستان شماره ۲ میشود، آقایان کسالت خودرابه مسمومیت غذائی، درنتیجه بدی نوع گاوهائی که در منبع شماره ۱۳ دوشیده میشوندویابدی نوع زنبورهائی که‌درمنبع شماره ۱۷ مشغول تولیدعسل هستند، وگاهی به‌عدم نظافت جوی های شیروعسل نسبت میدهند. واین اظهارات ایشان موجب بروزشایعاتی نظیرشیوع اپیدمی

وبای التوردربهشت شده وبهانه ای به دست وسائل ارتباط جمعی خارجی برای حملات مغرضانه علیه فردوس برین میدهد.

۵ - مسئله جنسی

آقایان دربدو ورود ، میزان حورالعین وغلمان مورد نیاز روزانه خودرا اعلام کرده اندکه مرتبا " دراختیار آنان گذاشته میشود. معهذا گرفتاریها ومشکلات فراوانی بوجودمیآورند. ازجمله تجاوزبه حریم یکدیگرمینمایند که این امرموجب نزاع وزدوخوردهای روزمره میشود. برای مثال چهارروزقبل بعلت تجاوزشهیدبهشتی به غلمان شهیدرجائی برخوردتندی بین آنها روی داده ودرملاء عام باالفاظی نظیر" عمله " و" ساواکی" به یکدیگرتوهین نموده اندکه خوداین امرموجب اعتراض شهیدنصیری و سندیکای مستقل عمله ها شده است .نمونه دیگرشهید حسینعلی منتظری است که باوجودسهمیه چهارده حورالعین روزانه ، صحبتی ازملکه زنبورهای عسل شنیده وبه تصور اینکه ملکهٔ مذکورانسان وصاحب موٴسسه تولیدعسل است ، اصراردرصیغه کردن اوداشته ومهماندارا ن باهزارزحمت به اوحالی کرده اندکه ملکه زنبورهای عسل ازجنس خود زنبورهاست وزن نیست .

۶ - مسئله غم غربت

دراین موردبعنوان نمونه واقعه ای راکه عصردیروزدرقصر شهیدحسینعلی منتظری اتفاق افتاده ومواردمشابه آن بسیاراست ، بشرفعرض میرسانند. ولی اجازه میخواهد برای رعایت امانت عین مذاکرهٔ این شخص بایک ملک مهماندارراکه عینا " وبدون هیچگونه دخل وتصرفی ازروی

نوار ضبط شده در کامپیوتر مرکزی نظارت ، پیاده شده است ضمیمه نماید و توضیحاً " معروض دارد که اگر بعضی کلمات با رسم الخط عادی کمی متفاوت است ، معلول لهجهٔ خاص شهید منتظری است .

(صدای باز شدن یک پنجره)

صدای منتظری ــ آهای ! آقای ملکی مهماندار ! آقای ملک !

صدای ملک ــ بله ، بفرمائید .

منتظری ــ یک تکی پا تشریف بیارین دا ینجا ، عرض دارم .

ملک ــ چه امری بود ، قربان ؟

منتظری ــ ما اینجا اگه از حال و روزگاریمون شیکایتی داشته باشیم ، به کی باس بوگوئیم ؟

ملک ــ به بنده امر بفرمائید !

منتظری ــ اُ میخوام بدونم ، یک عمری به ما وعدهٔ غلمان توبهشت دادند ، پس کو این غلمان ؟

ملک ــ غلمان ؟ کی به جنابعالی وعدهٔ غلمان داده ؟

منتظری ــ حضرتی باریتعالی .

ملک ــ والله ، بنده از همچه وعده ای خبر ندارم ،در جریان نیستم .

منتظری ــ چیطور در جریان نیستی ! شوما عربی بلدی ؟

ملک ــ ای ، مختصری .

منتظری ــ خوب ، پس بیا خودت نیگاکون .این کلامی خدا هست یا نه ؟ این آیه ۲۴ از سورهٔ " الطور" هست یا نه ؟ خوب ، چی موگوئد ؟ میفرماید :"ویطوف علیهم غلمان لهم کانهم لولوء مکنون " ، حالا متوجه شدید ؟

ملک ــ غلمان و لوء لوء مکنون را فهمیدم ولی بقیه اش

را نه .

منتظری ـ یعنی موگوئد" دربهشت ،دور و وری بهشتی ها یک پسرانی میگردندکه عینهولوء لوء مکنونند...یعنی عینهومروارید نهفته اند... پس چیطورس که ما این لوء لوء های مکنون را نیمی بینیم؟ یا ما عوضی اومدیم بهشت یا ...

ملک ـ قربان، غلمان مربوط به خانم های بهشتی است. برای آقایان حورعین درنظرگرفته شده .

منتظری ـ خوب ، اگه حوری عین به مزاجی یکی نچسبید چیکار باس بوکوند؟ باس از تنهائی وبی کِس وکاری و غمی غریبی و غربت بیمیرد؟

ملک ـ ای ، آقای شهیدمنتظری ! اینهمه حوری تو قصرتان هست ، ازطرفی شکرخدا همه خانواده تان دوروبرتان هستند. با زهم شما تنهائید؟ با زهم غم غریبی وغربت دارید؟

منتظری ـ ای آقای ملک ! حوری وخانواده وزن وفرزند که دلی آدمووا نیمیکوند. این عیالی ماکه صبح تا شوم قر میزنند، این پسرمون ممدهم که ازاصل خل وچلس ،اینکه بهش موگوئند ممدرینگو، اینها انیس ومونسندیا خاری مغیلون ؟

ملک ـ بهرحال موضوع غلمان خیلی روشن است .غلمان مخصوص خانم های بهشتی است .

منتظری ـ میخوام ببینم این آقای کیانوری بالشویک ازخانم های بهشتی است که صبح تا غروب غلمان از سروکله اش بالامیرد؟ تازه این غلمانوهم ولش کون ... این آیهٔ ۱۹ ازسورهٔ " الدهر" راچی چی موگوئی ؟

بیا خودت نیگاه کون ! میفرماید : " ویطوف علیهم ولدان مخلدون اذا رایتهم حسبتهم لوء لوءا " منثورا " " اینو که دیگه نیمی تونی بوگوئی نیمی فهمی !

ملک ـ والله یک لوء لوء منثور را فهمیدم ولی بقیه‌اش را . . .

منتظری ـ توهم چقدرکم سوادی . . .آدم عربی ندونند یعنی هیچی نیمی‌دونند . . . بیا ، معنی فارسیش هم زیرش نوشتس ، اصلا" خودتان بگیریندبخونیند !

ملک ـ (میخواند) دراطراف بهشتیان پسرکانی زیباکه تاابدنوجوانندمیگردندکه وقتی بدانها می نگری می پنداری که لوء لوء منثورند .

منتظری ـ لوء لوء ی منثورهم که میدونی ، یعنی مرواریدهای پراکنده‌اند . . . خوب ، اینکه دیگه مو لادرزش نیمیرد . . . . پس کجاندا ین لوء لوء های پراکنده که ما نیمی بینیم ؟

صدای یک گروه ـ حزب فقط حزب الله ، رهبرفقط روح الله

منتظری ـ با زاین حزب اللهی های ذلیل مرده ریختنند توخیابون .

مستخدم ـ قربان ، دونفرنماینده حزب اللهی‌های شهید میخواهندشرفیاب بشوند .

منتظری ـ با زچه مرگشونس ؟

مستخدم ـ یک عرضی دارند ، قربان .

منتظری ـ (فریاد) بگوبرندپیش آقای خمینی. من دارم یک مسئله مهم مملکتی را با آقای ملک حل وفصل میکونم .

مستخدم ـ قربان، خیلی اصرار میکنند. کلید بهشت همگردنشان است.
منتظری ـ (عصبانی) با اون کلید برند قفلی خونه عمه شون را واکونن ... چیطور شد یک دفعه دادنیمی زنند حزب فقط حزب الله، رهبر فقط حسینعلی؟ ... بعله، عرض میکردم، آقای ملک، که چیطورس ما این لوءلوء های پراکنده را نیمی بینیم؟
ملک ـ والله ... عرض شود که ... مثل اینکه اینجا دیگر حق با شماست. اجازه بفرمائید ... یک لحظه ... الوالو! الو، مرکز؟ لطفا" سازمان بسیج لوء لوء منثور را بدهید! ... الو، سازمان بسیج لوء لوء منثور؟
صدا ـ (ازگیرنده) بله، بگوشم.
ملک ـ خواهش میکنم فورا" یک لوء لوء منثور بفرستید قصر شهید حسینعلی منتظری.
صدا ـ (آهسته) همان یاروکه بهش میگفتند گربه نره؟ آنکه معروف بود به ...
ملک ـ (جدی) خواهش میکنم!
صدا ـ اطاعت!
ملک ـ مخابره تمام.
منتظری ـ چی شد؟ میفرستند بالاخره یا نه؟
ملک ـ بله قربان.
(صدای هلی کوپتر)
(صدای دست زدن وخنده وشادی شهید منتظری)
منتظری ـ اومدیم آی اومدیم ... با نازواطوار اومدیم ...
ملک ـ آقا، آرام بگیرید ... خوب نیست درانظار مردم ... ببینید عابرین دارند زپائین نگاهتان میکنند.

منتظری ـ آخه طاقتم طاق شدس ... ببینم! آقای ملک! این یاروکه از هلی کوپتر داردپیاده میشد، خلبانی هلی کوپترس ؟
ملک ـ نخیرآقا ، همان سفارش خودتان است .
منتظری ـ بی بینم! بی بینم! چی شدچی شد، آقای ملک ؟ این نره خر دوذرع قدی با اون سبیل های دسته جاروئیش ، این همان لوء لوء منثورس ؟ این همان مرواریدی پراکندس ؟ اون پسرک زیبائی که تاابد نوجوونس ؟ اینکه سنی بهزادنبوی رادارد!
ملک ـ بله قربان همین است .
منتظری ـ الهی بردسری قبری پدرش پراکنده بشد! اگه اینومیخواستم که همون دنیادا ریوشی فروهربود! ...
یالله ، بگوئید برگردد . زودبوگوئیدبرگردد .اصلا" ازخیری لوء لوی مکنون ولوء لوی منثورگذشتیم .
ملک ـ الوالو! الو، آقای لوء لوءی منثور، فورا" به مرکزبسیج برگردید. مخابره تمام ... ببینید،آقای شهیدمنتظری،بیخودمزاحم مردم میشوید .
منتظری ـ واقعا" که! حیف از آن همه طاعت وعبادتی که کردیم . حیف از آن خطبه های نمازجمعه که خوندیم . حیف از آن همه دعای کمیلی که خوندیم . اینهم عاقبتی مون ، که لوء لوءی منثورمون عینی داریوشی فروهرس! ماکه مثلا" فقیهی عالیقدرش بودیم ازاینا واسمون میفرستند. فکرشوبوکونین اگه آقای هاشمی رفسنجانی لوء لوءی منثور بخوادچی براش میفرستند؟! گیرم که اون این جوریش را دوست میدارد .
ملک ـ خوب ، اگرامری نداشته باشیدبنده مرخص بشوم

به کاری دیگر برسم .
(چند لحظه سکوت)
منتظری ـ بی بینم ، آقای ملک ، اگه امشب کاری مهمی نداشته باشیند ... موگوئم‌ها ، اگه بیکار باشیند ، امشب یک شومی با یک شرابا " طهورای زنجبیلی خدمتتون بخوریم! یک خرده هم عربی با تون کار میکونیم ...
ملک ـ آقا خجالت دارد! دستتان را بکشید عقب!
(صدای یک سیلی)

ملک مهماندار مذکور بلافاصله از چاکر تقاضای انتقال به بخش دیگری را نموده است . چاکر همانطور که قبلا" امر و مقرر فرموده بودند ، برای طرح مسائل مربوط به آقایان ، عصر امروز از آقای خمینی در قصر جماران بهشت دیدار کردم . ابتدا ایشان از کمی تعداد مامورین محافظت و کمبود وسائل پدافند قصرشان ، مثل توپ ضدهوائی و موشک زمین به هوا شکایت داشتند که در این زمینه چاکر به مسئولین مربوطه تذکرات لازم را خواهم داد ، ولی لازم میدانند به عرض برسانند که آقای خمینی بهیچوجه حاضر به دخالت در این زمینه نشدند و گفتند که اختیارات خود را برای حل و فصل این مسائل جزئی به مجلس شورای اسلامی داده اند . و وقتی چاکر یادآوری کردم که این اوضاع در نهایت ، موجب غضب الهی خواهد شد عینا " گفتند : " خداوند تبارک و تعالی را بازی داده اند این شیاطین ... من نصیحت میکنم ایشان را که بازی نخورند و برگردند به آغوش اسلام عزیز . "
مراتب جهت صدور اوامر مطاع مبارک معروض گردید .
بقاء دولت و دوام عزت ذات اقدس الهی را از درگاه مبارک

مسئلت مینماید.

غلامخانه زاده - امیرجبرئیل امین

آخرین خبر

بقرار اطلاع، گزارش حضرت جبرئیل امین که پیشنهاد کرده بود برای آسودگی بقیه بهشتی ها، بخش دارودسته "آقا" از سایر قسمت ها بوسیله دیوارکشی جدا شود، عزقبول یافته است. قسمتی از باغ بهشت با نام محلهٔ "خمینیه" از سایر قسمت ها جدا شده و آئین نامه ای با عنوان "ده فرمان خمینیه" برای آقایان حجج اسلام گروه تدوین شده است.

متن آئین نامه بشرح زیراست:

از آقایان حجج اسلام وبستگان خواهشمنداست به نکات ده گانه زیر توجه فرمایند.

۱ - غسل جنابت وشستن دهان وبینی وپا درچشمه های کوثر وسلسبیل ممنوع است. آقایان میتوانندتا پایان کارهای ساختمانی حوض اختصاصی، از منبع آب پاشی گلها استفاده نمایند.

۲ - ادرارکردن پای گلها مطلقا "ممنوع است. ازآقایان محترم تقاضا دارد به توالت های مربوطه، که به تعداد کافی وجوددارد، مراجعه نمایند. درصورت فوریت میتوانند به وسیله بی سیم تقاضای اعزام توالت سیار بفرمایند.

۳- با توجه به موجودی کافی حورالعین وغلمان از تعرض وتجاوز به حورالعین وغلمان یکدیگرکه موجب برخوردهای ناهنجار میشود، خودداری فرمایند. ضمنا "خواهشمنداست از غلمان توقعاتی بیش از آنچه وظیفه آنهاست نداشته باشند.

۴ ـ حکم " اضربوهن " ملغی ومنسوخ است . لذا یادآوری میشودکه کتک زدن خانمها ، اعم ازعیالات مربوطه وحورالعین ، بخصوص دراماکن عمومی ممنوع است .

۵ ـ ازوطی با حیوانات بخصوص باگاوها وشترهای شیرده منابع شیرخودداری فرمایندونظافت جوی های شیروعسل را ، که بنفع خودایشان است ، رعایت نمایند .

۶ ـ ازافراط درخوردن شیروعسل وانجیروسایرمائده های ملیّن، که موجب بهم ریختن دستگاه گوارش وآلودگی محیط زیست میشود ، خودداری فرمایندودرصورت بروز اولین عوارض به درمانگاه مراجعه نمایند .

۷ ـ استفاده ازبلندگوبرای پخش مراسم روضه خوانی وعزاداری وسینه زنی که موجب مزاحمت سایربخش ها میباشد ، ممنوع است .برای این مراسم یک سالن بزرگ مجهزبه آبدارخانه وشربت خانه جنب منزل شهیدسیدعلی خامنه ای آماده شده است .

۸ ـ پاسداران محافظ آقایان، درمواقعی که ازبخش " خمینیه " خارج میشوند ، حق حمل اسلحه گرم وسرد را ندارندوبایستی ژسه های خودراهنگام خروج به نگهبانی تحویل داده ودرموقع مراجعت پس بگیرند . محافظت از جان آقایان بعهده فرشتگان محافظ خواهدبود .

۹ ـ نظر به اینکه مکرراثاثه عتیقه وگرانبهای کاخهای آقایان مفقود شده ومتعاقبا " دردست دلالان عتیقه دیده شده است ، مجددا " یادآوری مینماید که جابجاکردن و فروش ومعاوضه وحیف ومیل اثاثه کاخها مطلقا "ممنوع است واداره ابنیه واموال که اخیرا " ازموجودی کاخ ها

صورت برداری کرده است چنانچه کم وکسری ملاحظه نماید، تصمیم مقتضی درباره مسئول امر اتخاذ خواهد شد.

۱۰ - از کندن قبر در چمن های پارک بهشت خلود داری فرمایند.

برای سرگرمی آقایان یک قطعه زمین واقع در شمال شرقی کاخ جماران بهشت که بنام " بهشت خمینی" نامگذاری شده وتولیت آن با شهید بهشتی است، اختصاص داده شده است. کلیهٔ وسائل قبرکنی مانند بیل وکلنگ وغیره دراختیار مراجعین محترم خواهد بود.

***

<u>تلفن های موردنیاز</u>

اورژانس حورالعین	۴۴۳
اورژانس غلمان	۴۴۴
درمانگاه معده وروده	۴۴۵
درمانگاه بیماریهای آمیزشی	۴۴۶

(۲۴ اردیبهشت ۱۳۶۱)

دانشکدۀ پزشکی جمهوری اسلامی

درشماره‌های اول شهریور ۶۱ روزنامه‌های تهران خواندیم که‌طرح افتتاح سال اول دانشکده پزشکی ازطرف مجلس شورای اسلامی تصویب شد.
متن طرح بشرح زیراست:

" ماده‌واحده- وزارت فرهنگ وآموزش عالی موظف است طبق ضوابط تعیین شده‌ازسوی ستادانقلاب فرهنگی باهمکاری ستادانقلاب فرهنگی وافرادبصیردیگربلافاصله سال اول پزشکی ورشته‌های مربوطه راحداکثرتا اول بهمن ماه ۱۳۶۱ شروع نماید."
خوب، افکاروعقایدآقای خمینی درباره علوم‌وفنون را همه‌بخوبی می شناسند: مکرردرمکررنوشته‌وگفته است‌واز حرف خودهیچوقت یک سرسوزن برنمی گردد.
همینطور همه می دانیم که‌طب اروپایی بنظررهبرکبیر به‌اندازه‌پشیزی ارزش ندارد. درافاضات‌وتاءلیفات منجمله‌درکتاب " کشف الاسرار" بارهاطب اروپایی غیر اسلامی رامورد‌حمله‌وفاقدهرگونه‌ارزشی خوانده‌است.
ازطرف دیگرهمین آقای خمینی درهمین کتاب‌کشف الاسرار (صفحه ۱۲۱) یک دانشمندبزرگ راکه‌تاءلیفی شگرف در

علوم وفنون منجمله درعلم طب داردبه امت بی خبرخود معرفی کرده است :

" خوب است کتابهائی را که عالم بزرگوار و محدث عالیمقدار محمدباقر مجلسی برای مردم پارسی زبان نوشته اند بخوانید . . ."

با یکدنگی وپافشاری آقای خمینی درعقایدوافکارش ،که نیازی به یادآوری ندارد ، ناچاریم بپذیریم که سال اول رشته پزشکی براساس تعلیمات دانشمندعالیقدر ملامحمدباقرمجلسی افتتاح خواهدشدوبرای اینکه نمونه ای ازدروس آتی این رشته رابدست داده باشیم ،قسمت هائی ازآموزش پزشکی اسلامی ملامحمدباقرمجلسی راازکتاب معروف او ، حلیة المتقین ، بدون هیچگونه دخل وتصرفی نقل می کنیم :

(ارقام بین پرانتز درپایان هرمبحث پزشکی مربوط به شماره صفحه کتاب حلیة المتقین ، برای مراجعه احتمالی دانشجویان ودانش پژوهان است .)

درس اول - فلسفه پزشکی

" درحدیث معتبرازحضرت صادق (ع) منقول است که حضرت موسی بن عمران مناجات کردکه پروردگارا دردراکه میدهد، خطاب رسیدکه من، پرسیدکه دوااازکیست خطاب رسیدازمن ، پرسیدپس چه میکنندمردم این حکیمان را ، خطاب رسید که دل های مردم راخوش می کنند ." (۱۵۴)

*

" ازحضرت صادق (ع) منقول است که چون حقتعالی بنده ای رادوست داردیکی ازاین سه تحفه راازبرای اومی فرستد : یاتب یادردچشم یادردسر ." (۱۴۷)

درس بهداشت

" از حضرت امام موسی کاظم (ع) منقول است که حمام یک روز در میان گوشت بدن را زیاد می کند و هر روز رفتن پیه گرده ها را می گدازد و بدن را لاغر می کند و از سلیمان جعفری منقول است گفت بیمار شدم تا آنکه گوشتم همه تحلیل رفت . به خدمت حضرت امام رضا (ع) رفتم فرمود که میخواهی گوشت بدنت برگردد گفتم بلی فرمود که یک روز نه یک روز به حمام برو که گوشت بدنت عود می کند و زینهار که هر روز مرو که باعث مرض سل می شود .

*

" در حدیث معتبر از حضرت رسول (ص) منقول است که چون مگس در ظرف طعام بیفتد آنرا غوطه دهید و بیندازید که در یک بالش زهر است و در بال دیگرش شفاست و آن بال زهرآلود را در آب و طعام فرو میبرد شما آن بال دیگر را فرو برید که ضرر نرساند ." (۲۶۹)

درس ژینکولوژی

" شخصی به نزد حضرت امام جعفر صادق (ع) آمد و گفت یا ابن رسول الله هشت دختر بهم رسانیده ام و روی پسر ندیده ام حضرت فرمود وقتی که در میان پای زن بنشینی دست راست خود را برجانب راست ناف زن بگذار و سوره انا انزلناه را هفت نوبت بخوان و بعد از آن جماع کن و چون اثر حمل ظاهر شود پس در شب ها دست برجانب راست ناف زن بگذار و هفت مرتبه سوره انا انزلناه را بخوان آن مرد گفت که چنین کردم و هفت پسر پی هم خدا بمن روزی کرد ." (۸۲)

امراض روانی

" از حضرت صادق (ع) منقول است چون حضرت نوح از کشتی فرود آمد از دیدن استخوان مرده ها غم عظیم او را عارض شد پس حق تعالی با و وحی فرمود که انگور سیاه بخور تا غمت زایل شود.

*

" شخصی به حضرت صادق (ع) شکایت کرد که پسری دارم و گاهی او را باد جن و ام الصبیان می گیرد به حدی که از او نا امید می شوم فرمود که هفت مرتبه سورهٔ حمد را با مشک و زعفران بر ظرفی بنویس و به آب بشوی و تا یک ماه از آن آب بده بخورد شفا یابد راوی گفت که یک مرتبه خورد برطرف شد." (۱۶۶)

گوش وچشم وحلق وبینی

" از حضرت باقر (ع) منقول است که برای رفع دردگوش دست برگوش بمالد و هفت نوبت بگوید: اعوذ بالله الذی سکن له ما فی البر والبحر وما فی السموات والارض وهو السمیع العلیم." (۱۶۵)

*

" از حضرت امام موسی (ع) منقول است که شخصی به آن حضرت شکایت کرد از ضعف باصره گفت به مرتبه ای رسیده است که شب کور شده ام فرمود که آیه الله نور السموات والارض را تا آخر مکرر در جامی بنویس و به آب محو کن و آب را در شیشه کن و از میل به چشم بکش راوی گفت که کمتر از سه میل کشیدم بینائی من برگشت " (۱۶۸)

درس دندان پزشکی

" از حضرت صادق (ع) منقول است به چندین سندکه پیاز گند دهن را می بردو بلغم را زایل میگرداند" (۵۷)

" از حضرت امیرالموءمنین (ع) منقول است برای دفع درددندان دست برموضع سجودبمالدو بر موضعی که درد می‌کند بمالدو بگوید: بسم الله والشافی ولاحول ولاقوة الابالله العلی العظیم." (۱۶۹)

*

" منقول است که شخصی به حضرت امام موسی (ع) شکایت کرد از گند دهان حضرت فرمود در سجده بگو: یاالله یاالله یا رحمن یا رب الارباب یا سیدالسادات ... راوی گفت یک مرتبه این دعا را در سجود خواندم وشفا یافتم." (۱۶۹)

بیماری های جلدی

" از حضرت صادق (ع) منقول است که چغندر را با گوشت گاو پختن وخوردن پیسی را برطرف می کندو از حضرت امام موسی (ع) منقول است که گوشت گاو خوردن پیسی را زایل می‌کند واز حضرت صادق (ع) منقول است که هیچ چیز برای پیسی نافع تر نیست از تربت امام حسین(ع) با آب باران بخور وبر آن موضع بمال وفرمودکه موی بینی امانست از خوره و تربت حضرت رسول(ص) خوره را زایل می کند." (۱۷۷)

" از حضرت صادق(ع) منقول است که برای شبورودمل های ریزه که در بدن بیرون می آیددر اول که اثرش ظاهر شود انگشت شهادت بردورش بگرداندو هفت مرتبه بگوید: لااله الا الله الحلیم الکریم ودر مرتبه هفتم انگشت را روی آن بقوت بگذارد." (۱۷۳)

کودکان

" از حضرت صاحب الامر صلوات الله علیه منقول است که اگر پسری را ختنه کنند و باز غلاف برویدو سر حشفه را پنهان کند می باید بار دیگر ختنه بکنند دوراز یرا که زمین ناله میکند بسوی خدا از بول کسی که ختنه اش در غلاف باشد تا چهل روز." (۱۹۰)

*

" از حضرت رسول (ص) منقول است که حیوانات درخانه بسیار نگاه دارید که شیاطین به آنها مشغول شوند و طفلان شما را ضرر نرسانند و از حضرت امام محمد باقر منقول است که خوب است حیوانات در خانه نگاه داشتن مثل کبوتر و مرغ و بزغاله تا آنکه اطفال جنّیان با ایشان بازی کنند و با اطفال شما بازی نکنند." (۲۶۳)

بیماری های ریوی

" منقول است شخصی به حضرت امام موسی (ع) شکایت کرد از مرض سل حضرت فرمود که سنبله و قاقله و زعفران و عاقرقرحا و بذرالبنج و خریق و فلفل سفید اجزا را مساوی بگیر و فرفیون را دو برابر هر یک از اجزا بگیر و تمام اجزا را سائیده از حریر بیرون کن و با عسلی که کفش را گرفته باشند خمیر کن و به قدر یک نخود با آب گرم در سه شب بخور چنان کرد و شفا یافت." (۱۷۷)

کلیه و مجاری ادرار

" منقول است که شخصی به خدمت امام علی نقی (ع) نوشت که شخصی از شیعیان شما بولش بند شده است حضرت در جواب نوشتند که آیات قرآن بسیار بر آن بخوان تا

شفا یابد." (۱۷۹)

*

" درحدیث معتبر منقول است که معلی بن خنیس به حضرت صادق (ع) شکایت کرد از درد فرج فرمود که عورت خود را در موضعی گشوده که سزاوار نبوده و به این سبب این درد در آن بهم رسیده است دست چپ بر فرج خود بگذار و این دعا را بخوان: بسم الله و بالله بلی من اسلم وجهه لله وهو محسن فله اجره عند ربه ولاخوف علیهم ولاهم یحزنون... " (۱۷۸)

<u>درس جراحی</u>

" از حضرت صادق (ع) منقول است که هرکه بخواهد حجامت کند باید که در روز پنجشنبه حجامت کند بدرستی که در هر پسین جمعه خون از جای خود حرکت می کند از ترس روز قیامت به جای خود برنمی گردد تا صبح روز پنجشنبه و فرمود که هرکه حجامت کند در روز پنجشنبه آخر ماه در اول روز دردها را از بدنش می کشد." (۱۴۹)

*

" درحدیث معتبر منقول است که چون زنان به خدمت حضرت رسول (ص) هجرت کردند زنی آمد که او را ام حبیب می گفتند و زنان را ختنه می کرد حضرت فرمود که ای ام حبیب آن کاری که داشتی هنوز داری گفت بلی یا رسول الله مگر آنکه نهی فرمائی و من ترک کنم حضرت فرمود که نه بلکه حلال است بیا تا ترا بیاموزم که چه باید کرد چون ختنه کنی زنان را بسیار به ته مبر و اندکی بگیر که رو را نورانی تر و رنگ را صاف تر می گرداند و نزد شوهر عزیز میدارد. (۸۹)

(۲۶ شهریور ۱۳۶۱)

بچه پُرروی اکبر آقا

راقم این سطور با اصطلاح " بچه پررو" حدود سی سال پیش، وقتی قاضی دادسرای تهران بودم، برای اولین بار آشنا شدم. توجه داشته باشید که منظور " بچه پررو" است، نه "بچه‌ی پررو" با کسره‌ٔ اضافه.

برای توضیح مطلب لازم است ابتدا مناسبت این " آشنایی" را عرض کنم.

یک کافه رستوران واقع در نزدیکی دروازه قزوین را جمعی الواط چاقوکش به سیادت اکبر آقای باجگیر، بهم ریخته، چند نفر را مجروح کرده و دار و ندار کافه را از بین برده بودند. به طوریکه صاحب بخت برگشته‌ٔ کافه توضیح میداد، ظاهراً " مدتی از پرداخت " حق و حساب " اکبر آقای باجگیر - به علت کمی درآمد - استنکاف کرده بود. آنچه توجه مرا جلب کرد این بود که در توضیحاتش مکرر به "بچه پررو"، باعث و بانی بدبختی خود، نفرین میفرستاد و وقتی دانست که من اصطلاح " بچه پررو" را دقیقاً " نگرفته‌ام، به شرح و بسط پرداخت:

- میدانید، آقای بازپرس، این باجگیرها تا وقتی "حق و حساب "شان مرتب برسد با شما کاری ندارند. فقط گاهی

می آیندکله پاچه وعرقی مجانی میخورندومیروند. ولی وای به وقتی که" باج " دیربرسد .یک شب نوچه ها و " بچه پررو" را میفرستندکافه را زیرورو میکنند .آخر ، هرکدام ازاین باجگیرها چند" نوچه" بزن بها درویک " بچه پررو" درخدمت دارند.

نحوه عمل اینست که چندنوچه میآینددوتا دوتا یا سه تا سه تا ، مثل مشتری معمولی سرمیزها می نشینندوغذا و مشروب سفارش میدهند. " بچه پررو" هم‌همان موقع میآید ، ولی با آنها اظهارآشنائی نمی کندوسریک میز می نشیند. حضور" بچه پررو" تنها سریک میز ، باعث جلب توجه وعلاقه سایرمشتری ها ، که‌آنها هم‌کم‌وبیش ازهمین قماش هستند ، میشود .وسط شب ، " بچه پررو" ناگهان شروع‌به‌جیغ وداد وفحاشی نسبت به‌دسته مخالف میکند و هوارمیکشدکه مگرشما ها ناموس ندارید ، مگرشما ها ...

خلاصه ازاین نوع اعتراض‌ها ، که‌معمولا"باعث میشود ازیک نفرسیلی میخورد. بعدیکباره نوچه‌های باجگیر به‌میان می پرندودعوا وکتک کاری وشکستن ظرف ها وشیشه ها شروع‌می شود.

دراین موقع باجگیر" تصادفا " ازراه می رسدومیانجی می شودوخلاصه‌بعدازچک وچانه وگفتگوی‌زیاد ، همان شب یا شب بعد" حق وحسابش " را وصول میکند.

دراین میان نقش " بچه پررو" بسیارمهم است . زیرا اولا" دعوا را باعث میشودودرمرحله بعدبه‌عنوان یک مشتری بی طرف به‌نفع باجگیروبه‌ضررصاحب کافه شهادت میدهد. خاصیت اساسیش اینست که‌ازهیچ کاری وهیچ دروغی روگردان نیست وشرم‌وحیا سرش نمیشود. درواقع

نان وقاحتش را میخورد .

درماجرای موردنظر ، بنده‌شروع به‌تحقیق درجماعت‌کثیر سرودست شکسته‌کردم . ولی بسیارکنجکاو شده‌بودم کــه "بچه‌پررو" را ببینم . موقع تحقیق از او ، دانستم کـه صاحب‌کافه‌چقدرحق داشت بیش از همه از دست اوبنالـد و درا همیت وجودا ودرچرخ ودنده‌ٔ سیستم" با جگیـــری" داد سخن بدهد .

زیاد بچه همنبود . بیست ودوسه‌سالی از عمرش گذشته بـود . قیافه‌آرا مومظلـومی داشت . مکالـمه ما تقریبا " بـه ایـن صورت انجام شد :

ـ آقا ، بموجب صورتمجلس تنظیم‌شده درکلانتری، ۱۴ نفـراز مشتری‌ها گواهی داده‌ا ندکه‌شما با عث‌ا ین زدوخوردشده‌اید . یعنی دروا قع دعوا را شما به‌راه انداخته اید .

ـ آقای رئیس ، به‌قمربنی‌ها شم ،به‌ا ین سوی چراغ، مـا اصلا" موقع دعوا توی کافه نبودیم . ما منزل آبجی‌مـا ن بودیم‌ما را فرستا دبریم یک ما هیچه برایش بخریم .وقتـی رسیدیم‌دم‌کافه دیدیم‌دعواست اصلا" تونرفتیم .

ـ ولی پا سبا ن شما را توی کافه دستگیرکرده است .

ـ آقا ، به‌صاحب‌الزمان ، به‌حضرت عبا س ، دروغا ست .

ـ پا سبا ن چه‌نظری داشته‌که‌خلاف واقع گزا رش بدهد .

ـ حتما " از طرف‌های ما پول گرفته .

ـ همه همسا یه‌ها شها دت دا ده‌ا ندکه‌شما جزء دسته‌ا ین اکبـر آقا هستید .

ـ اکبر آقا هم‌محله‌ای ما ست ا ما به‌نا موس زهرا ما تا حـالا دوتا کلام‌هم‌با ش حرف نزده‌ا یم .

ـ طبق گزا رش‌کلانتری شما مشروب زیا دی خورده‌بودیـد ،

شاید...
ـ آقا، ما و عرق؟ به این قبله محمدی اگر ما به عمرمان لب به عرق زده باشیم.
ـ ولی الان هم که ده دوازده ساعت از رویش گذشته هنوز دهنتان بوی عرق میدهد.
ـ استغفرالله... این بوی سیاه دانه است. میدانید از این سیاه دانه های توی شربت...
ـ درجیب شما دویست تومان پول بوده که صاحب کافه میگوید از دخل او برداشته اید.
ـ آقا دروغ میگوید. به قرآن مجید دروغ میگوید. این پول را همان دیشب آبجی مان به ما داده بود.
ـ ولی آبجی شما درکلانتری گفته که یک ماه است شما را ندیده، چطور میگوئید دیشب منزلش بودید؟
ـ آقای بازپرس، این حسین کبابی، رفیق آبجی مان، زیرپایش نشسته که دروغ بگوید ما را گیر بیندازد.
ـ درباز جوئی کلانتری گفته اید که با اکبرآقا رفیق هستید. پای صورتمجلس را هم امضاء کرده اید.
ـ امضای ما نیست. جای ما امضا کرده اند.
دهن من از حیرت باز مانده بود. اما هنوز برای حیرت جا مانده بود: صحنه جالب مواجهه او با اکبرآقا بود.
اکبرآقا، یک غول بی شاخ ودم با سرتراشیده، ظاهرا "از نحوهٔ عمل این جوان که موجب شده بود کارش به کلانتری و دادسرا بکشد سخت ناراضی بود. بخصوص اینکه حال یکی از مجروحین نزاع وخیم بود.
" بچه پررو" ابتدا دوستی وحتی آشنائی با اکبرآقا را درحضور او انکار کرد و وقتی احساس کرد که دیگر نمیتواند

انکار کندونه میتواندامیدی به آینده روابطش با اکبرآقا داشته باشد، موضع خودرا بکلی عوض کرد. شرح کشافی در سیاهکاری های اکبرآقا بیان کرد:

- آقای بازپرس، خداشاهداست هزاردفعه بهش گفته ام که باجگیری آخرعاقبتی ندارد. آخربی شرفی وبی ناموسی ومردم آزادی حدی دارد...

دراین موقع اکبرآقا ناگهان خودرا به طرف جوانک پرتاب کردوآنچنان سیلی به گوش اوزدکه دوسه دور دورخودش چرخیدوزمین خورد ودرمقابل پرخاش بنده، تمام طغیان وعصیان ودل سوزه اش را دریک عبارت کوتاه بیان کرد:

- آخرآقای بازپرس، بچه پررو هم به این پررروئی؟!

***

باگذشت زمان وپیش آمدهای گوناگون کم کم میرفت که اصطلاح " بچه پررو" رافراموش کنم که بازچشمم به افاضات آقای ابوالحسن بنی صدرمندرج دردوشماره اخیر نشریهٔ " ایران وجهان " به نقل ازجزوهٔ " سازمان مبارزان آزادی " افتاد. بنده نمیخواهم بین اکبرآقا وماجرای باجگیریش باوقایع وحوادث فتنه خمینی و بنی صدرارابطه ای برقرارکنم ولی به منش ورفتار آقای ابوالحسن بنی صدرتوجه فرمائید.

ایشان وقتی موردقهروغضب پدرروحانی قرارگرفتند و سروکله شان درپاریس پیداشدوبامصاحبه معروف " سیاوش عصرحاضر" اسمی درکردند، مردم مچشان راگرفتند و در باره اعمال گذشته شان ازایشان حساب خواستند.

گفتندشماصاحب تئوری معروف تشعشع شهوت خیزموی زن هستید، انکارکردند: من چنین حرفی نزده ام. آقا،

میلیون ها نفراین فرمایش شما را شنیده اند ـ عوضی شنیده اند.
ـ شما دربحبوحه قتل وغارت وخونریزی‌های رژیم، رئیس شورای انقلاب بودید.
ـ روحم خبرنداشت.
ـ به‌فرمان شما، پاسداران شهرهای کردستان را به‌خاک وخون کشیدند.
ـ این من بودم که‌جلوی خونریزی را گرفتم.
ـ مگرشما نبودیدکه‌گفتید: "من از افسران وسربازان می خواهم که‌تاکارکردستان را یکسره نکرده‌اندپوتین از پا درنیاورند؟" اینکه‌درهمهٔ روزنامه‌های وقت چاپ شده است."
ـ دروغ است.
ـ آقا، شما خلخالی قاتل راهمان وقتی که به‌اعدام متجاوزازپانصدنفرافتخارمیکرد،به ریاست ستاد مبارزه با موادمخدرمنصوب کردیدواوظرف دوماه طبق آمار رسمی ۱۳۰ نفررا به‌اتهام مداشتن موادمخدربدون محاکمه به‌جوخه آتش سپرد.
ـ خلخالی ازحدوداختیارتش تجاوزکردومن ازاین امر ناراضی بودم.
ـ پس این خبرباز دید ۴ تیر ۵۹ شما اززندان قصر و عکس کنار دست خلخالی وتیتردرشت " رئیس جمهوری از خدمات خلخالی ابرازرضایت کرد" که درصفحه‌اول روزنامه‌های تهران ازجمله‌روزنامه‌بامدادشماره ۵ تیر ۱۳۵۹ چاپ شده‌چیست؟ بفرمائید، خودتان ملاحظه‌کنید. این عین روزنامه است.

ای آقا ! به این عکس ها وخبرها توجه نکنید.
چه میشودکرد؟ انسان درمقابل این عظمت "رو" خلع سلاح میشودواز طرفی فکر میکندکه شاید ایشان دیگرزبان به دهن گرفته ودرگوشه‌ای به ادامه تحصیلات ناتمامشان ادامه میدهند.
اما نه. آقای سیدابوالحسن بنی صدرازآن ها نیستندکه به این آسانی از رو بروند.
درافاضات اخیرایشان که تحت عنوان "پسرخوانده" در نشریه "ایران وجهان" چاپ شده است میخوانیم:
" خودش (خمینی) درانتخابات رئیس جمهوری به من گفت: ما این حرفها را محض دنیا وچیزهایی که میگویند بگوئید میگوئیم والامردم چه‌کاره‌اند؟ اصلا" چه‌راءیی دارند؟ مردم حق راءی ندارند. راءی با ولیّ‌فقیه‌است."
حالابیآئیدازآقای بنی صدربپرسید:" موقع انتخابات رئیس جمهوری " که‌آقای خمینی‌این حرف را به‌شما گفته، چه موقع بوده ؟هرقدربخواهند ازخاصیت ذاتی خودا ستفاده کنند، نمی توانندانکارکنندکه‌نمایش مبارزات انتخاباتی که‌منجربه اخذ راءی ۵ بهمن ۵۸ شد، در دی ماه ۱۳۵۸ به روی صحنه آمده‌است.
آن وقت ازایشان بپرسیدپس چطوربه‌مردم اجازه‌دادکه " رئیس جمهورمنتخب " انتخاب کنندوازطرفی نگاه‌کنید به‌سرمقاله روزیکشنبه ۱۶ دی ماه ۱۳۵۸ روزنامه‌انقلاب اسلامی، باامضای ابوالحسن بنی صدر، که‌مینویسد:
" روزی که به‌خدمت امام رسیدم‌فرمودندقصدنداریم کسی را تاءیید کنم. مردم خودبایدتشخیص صلاحیت بدهند. عرض شدنظرشما عین صواب است .رئیس جمهوری بایدروی

پای خودبایستد . هرکس می‌خواهد داوطلب بشود و مردم خودشان تشخیص بدهند چه کسی صلاحیت دارد و را به این مقام انتخاب کنند . با وجود این تصریح که عینا " در رهنمود دیروز امام آمده است بهتر است هرکس از توانائی و برنامه و جوهری که از خود ظاهر میکند تعریف کند و نه از چسباندن خود به امام و غیر امام "
(صفحه ۲۰۳ از کتاب " صد مقاله بنی صدر" چاپ تهران ۱۳۵۹)
حالا از ایشان بپرسید آن وقت دروغ گفتید یا حالا دروغ می گوئید ؟
تعجب نکنید اگر جواب دادند : نه آن وقت و نه حالا .
ایضا " در افاضات اخیر ، آقای بنی صدر میگویند :
" من با او (خمینی) رودربایستی نداشتم . در خانه اش وقتی گفت شما با ولایت فقیه مخالف هستید خطاب به خودش گفتم : اولا" بله مخالفم . اما به طور خاص فقیه کیست که من با ولایتش مخالف باشم یا موافق ؟
حالا به اظهار نظر همین آدمی که ولایت فقیه را قبول ندارد ، در سر مقاله روزنامه " انقلاب اسلامی" به تاریخ پنجشنبه ۱۳ دی ماه ۱۳۵۸ ، یعنی چند روز قبل از انتخابات رئیس جمهوری ، توجه بفرمائید :
" سالی که نکوست از بهارش پیداست . جامعه‌یی که بی خط ها بخواهند رئیس و وزیرش با شند و ای بر آن - ولایت فقیه را قبول ندارند . نمی خواهم در این جا پرده دری کنم که کسانی بودند که این ولایت را باطل می شمردند و چون می خواستند قبای ریاست را برای خود بدوزند ، دو آتشه طرفدار شدند . همین قدر می گویم پیشنهاد طرح

حکومت اسلامی از من بود و نخستین کس هستم که به جد به این مهم پرداختم و عمر را صرف تدارک چهار رکن سیاسی و اقتصادی و اجتماعی و فرهنگی حکومت اسلامی کردم."
(صفحه ۱۱۹ از "صد مقالهٔ بنی صدر" چاپ تهران ۱۳۵۹). از ایشان بپرسید شما که با این شجاعت و بی باکی چشم توی چشم خمینی با وگفته اید که ولایت فقیه را قبول ندارید، چطور در همان ایام به این شدت به آنها که ولایت فقیه را باطل شمرده اند تاخته اید و آنها را تهدید به "پرده دری" کرده اید؟
بالاخره شما ولایت فقیه را قبول دارید یا قبول ندارید؟ اگر زیر سبیلی در نکنند، احتمالاً" مثل آن مرددهاتی که در وصف جاده بین شهرود هشان میگفت "ندرتا "سربالا و ندرتا" سرازیر است"، جواب خواهند داد: ندرتا "قبول دارم ندرتا" قبول ندارم.
اما نکته دیگری که در افاضات اخیر ایشان جلب توجه میکند اشاره مکرر شان به بیسوادی آقای خمینی است که صریحا "خطاب به خمینی میگویند:" آخر تو که از هیچ چیز علم نداری!"
حالا بیایید و این جملات از سخنرانی ۱۲ رمضان ۱۳۹۹ ایشان در مسجد امام حسین تهران را جلوی رویشان بگذارید:
"این است که امام خمینی روشنفکر واقعی، این پیام را داد که این رژیم باید برود."
(صفحه ۱۵۱ از کتاب "نفاق در قرآن" مجموعهٔ سخنرانی‌های بنی صدر، چاپ تهران ۱۳۵۹)
آخر این آقای خمینی عالم است یا نادان؟ از" هیچ چیز

علم ندارد". یا " روشنفکرواقعی ". است؟ نمیدانم چه جوابی خواهندداد .شایدبفرمایند : شوخی کردم .والله اعلم .

اما آنجائی ازافاضات اخیرکه دیگرانسان چهارشاخ میماند چه بکنندوچه بگوید، وقتی است که آدم می بینداشان ادعا میکنندروی خط استقلال وآزادی هستندو معتقدندکه مردم قیم لازم ندارند . درحالیکه حکم رئیس جمهوری را با امضاء آقای مسعودرجوی درجیب گذاشته اندوبه وکالت وقیمومت ملت ایران برای او" جمهوری دمکراتیک اسلامی" نه یک کلمه بیشترونه یک کلمه کمتر ،تعیین کرده اند ، میفرمایند :

" ماچون روی خط استقلال وآزادی مانده ایم ومعرف مردم هستیم میگوئیم مردم قیم لازم ندارند ."

واقعا " جای اکبرآقا خالی است که ازکوره دربرود :

ـ آخه ، بچه پررو به این پرروئی؟!

(۲۳ مهر ۱۳۶۱)

عالم بزرگوار و ...

خوب است کتابهائی را که عالم بزرگوار
ومحدث عالیمقدار محمدباقر مجلسی برای
مردم پارسی زبان نوشته اند بخوانید .

روح الله الموسوی الخمینی

به عنوان نمونهٔ کوشش این عالم بزرگوار در آثار جاودانی حلیة المتقین وعظمت حقی که از این بابت به گردن بشریت دارد، نظری به دو مبحث بسیار مهم وحیاتی، یکی " اوقات ناخن گرفتن" و دیگری " اوقات حجامت" می اندازیم . تا به سهم خود به این عالم بزرگوار و پیرو برحق او، حضرت امام خمینی، ادای احترامی کرده باشیم .

درفصل نهم کتاب تحت عنوان " دربیان آداب واوقات ناخن گرفتن " که بلافاصله بعد از فصل هشتم " درفضیلت ناخن گرفتن "، قرار دارد (از صفحه ۱۰۳ به بعد) به چند مکتب متباین علمی ـ البته بروایت مجلسی ـ برمیخوریم :

" از حضرت امام جعفر صادق (ع) منقول است که ناخن گرفتن در روز جمعه ایمن میگرداند از خوره و پیسی و کوری"

درحالیکه :

" از حضرت امام رضا (ع) منقول است که در روز سه شنبه ناخن بگیرید ."

ودرحالیکه :

" ازحضرت رسول (ص) منقول است که درروزهای شنبه و پنجشنبه ناخن وشارب بگیرداز دردندان ودردچشم عافیت یابد."

ایضا " درحالیکه :

" ازحضرت امیرالمؤمنین (ع) منقول است که ناخن ها را درروزجمعه گرفتن هردردی را برطرف میکند."

این اختلاف نظروعقیده با همه عواقبش، درموردنحوه و ترتیب ناخن گرفتن شدت می یابد :

بروایت دانشمندعالیقدرمجلسی ، بین حضرت امام محمد باقر (ع) وحضرت امام رضا (ع) درباره شروع ناخن گرفتن ازدست راست یا چپ وهمینطورترتیب ناخن گرفتن اختلاف نظرشدیدوفاحشی وجوددارد. (صفحه ۱۰۴)

بفتوای حضرت امام محمدباقر (ع):

شروع ازدست راست وبه ترتیب زیر :

۱ ــ انگشت شهادت

۲ ــ انگشت کوچک

۳ ــ انگشت مهین

۴ ــ انگشت میانه

۵ ــ انگشت دیگر

بفتوای حضرت امام رضا (ع):

شروع ازدست چپ وبه ترتیب زیر :

۱ـ انگشت کوچک

۲ ــ انگشت بعدازکوچک

۳ ـ انگشت میانه
۴ ـ انگشت شهادت
۵ ـ انگشت مهین
سپس دست راست وبه ترتیب زیر :
۱ ـ مهین
۲ ـ شهادت
۳ ـ میانه
۴ ـ بعدازکوچک
۵ ـ کوچک

دراین میان نظرسومی هم هست که از " علی بن بابویه " است که قائل به نحوه عمل مداوم ویکنواختی نیست و ترتیب ناخن گرفتن را مربوط به روزآن میداند : " اگر روزپنجشنبه ناخن میگیرد ، ابتداکندبه ناخن انگشت کوچک دست راست تا انگشت مهین واگرروزجمعه ناخن میگیردابتداکندبه انگشت کوچک دست چپ وختم کند به انگشت کوچک دست راست "

البته تئوری دیگری هم درهمین فصل بیان شده است که صاحب آن معرفی نشده است :

" هرکه ناخن های خودرادرروزپنجشنبه بگیردویک ناخن را برای روزجمعه بگذاردخداپریشانی ازاوزایل گرداند ."

*

همین اختلاف نظردرفصل دوم از باب نهم که به " آداب حجامت کردن وتنقیه " مربوط است ، ملاحظه می‌شود ـ صفحه ۱۴۸ ببعد ـ (بازبروایت محدث عالیمقدار آقای خمینی) :

" ازحضرت صادق (ع) منقول است که آن حضرت گذشتند برجماعتی که حجامت می کردندفرمودندچه میشدشما را اگر

تا ٔخیر می کردیدتا پسین روزیکشنبه‌که‌دردرا بیشترا زبدن میکشد ."

" ا زحضرت رسول (ص) منقول ا ست‌که حجا مت‌کنــــد درروز سه شنبه هفدهم یا چها ردهم یا بیست ویکم ما ه‌ا ورا شفـــــا بخشدا زدردسرودردندا ن ودیوا نگی وخوره وپیسی."

" ا زحضرت صا دق (ع) منقول ا ست‌که هرکه‌خوا هدحجــا مــت کندبا یدکه‌درروزپنجشنبه حجا مت‌کند ."

ا ختلاف نظر ، به‌روا یت علامه مجلسی ، بین دوگــــــــــروه درا ینجـــــا نیزشدت می یا بد :

۱ - مخا لفین حجا مت‌چها رشنبه :

" ا زحضرت ا میرا لمؤ منین (ع) منقول ا ست‌که‌حجــا مـت نکنیددرروزچها رشنبه ."

" درروا یت دیگرا زحضرت رسول (ص) نهی وا ردشده ا ست‌ا ز حجا مت‌کردن درروزچها رشنبه ."

۲ - موا فقین حجا مت‌چها رشنبه :

" ا زحضرت ا ما م رضا (ع) منقول ا ست‌که‌هرکه‌درچها رشنبه آخرما ه‌حجا مت‌کندعا فیت یا بدا زهربلائی ومحفوظ ما ند از هردردی ."

" درروا یت دیگرمنقول ا ست شخصی دیدکه‌حضرت ا مـــــا م علی نقی (ع) درروزچها رشنبه‌حجا مت میکردندگفت‌که‌ا هل مکه‌ومدینه‌ا زحضرت رسول (ص) روا یت میکنندکه هرکــــه درروزچها رشنبه حجا مت‌کندپیس میشودفرمودکــــه دروغ می گویندکسی پیس میشودکه‌ما درش درحیض با وحا مله‌شــده با شد ."

با توجه به‌ا ینکه‌چنین ا ختلاف نظرها ی شدیددربا ره‌ـا خن گرفتن وحجا مت با عث‌گمرا هی ومآلا" ا بتلای ا مت بـــــه

بیماری های بدعاقبتی نظیرخوره - پیسی - کوری - درد دندان - دردچشم وغیره میشود، شایسته است که اکنون امام خمینی با تشکیل یک سمینار علمی جهانی، با شرکت علمای جمهوری اسلامی، روزها ونحوه ناخن گرفتن وحجامت را به روشنی تعیین واعلام دارند.

*

اما خوشبختانه مبحثی که درا ثرعلمی دانشمندعالیقدر مجلسی فارغ ازهرگونه اختلاف نظری ذکرشده است مسئله "قوّت جماع" است.

ازفصل سوم درآداب طعام خوردن :(صفحه ۳۳ ببعد)

" ازحضرت امام موسی (ع) منقول است چیزخوردن شب را ترک مکنیدا گرچه به پارهٔ نان خشکی باشدکه باعث قوت بدن وقوت جماع است."

ازفصل هفتم درفضیلت نان وسویق وگوشت (صفحه ۴۴)

" ازجناب امام موسی (ع) منقول است که گوشت هبره راخوردن باکی نیست وازیرای دفع بواسیرنافع است و اعانت میکندبربسیاری جماع."

ازفصل هشتم، دربیان سبزی ها ومیوه ها (صفحه ۵۵)

" ازحضرت صادق (ع) منقول است که بخوریدخربزه را که دهان را پاک می کندوقوت جماع را زیادمیکند."

ایضا" ازهمان فصل (صفحه ۵۷)

" درحدیث معتبرازامام جعفروامام موسی علیهماالسلام منقول است که خوردن گزر قوت جماع را زیاد می کند."

<u>از فصل ششم، از باب چهارم در فضیلت سرشستن</u>(صفحه ۱۲۰)

" از حضرت امام رضا (ع) منقولست که چهار چیز است که از اخلاق پیغمبرانست بوی خوش کردن وسرتراشیدن ونوره مالیدن وبسیار جماع کردن."

<u>از فصل یازدهم، دررنگ نعلین ونوره وکفش</u>

" از حضرت صادق (ع) منقول است که نعل سیاه مپوش که چشم را ضعیف وذ ... راست میکند وبرتوباد نعل زرد، که چشم را جلامیدهد وذ ... راسخت می کنند."

(۷ آبان ۱۳۶۱)

عملهٔ قانون قصاص

تنها ، شنیدن نام قانون بربریت قصاص چندش آوراست چه رسدبه اینکه انسان بخواهدبه تجزیه وتحلیل آن بنشیند. معهذا من برای یادآوری دکانی که آخوندها برای این قصابی تازهٔ خودبازکرده اند، باکراهت قلمی روی کاغذ آوردم . آنرانمیتوانم" طنزسیاه" بخوانم، چون اگر نامی زیبنده این سطورباشد" طنزلجن آلوده" است .

*

قانون قصاص مشتمل بریکصدونودوپنج ماده وبیست ونه تبصره طبق اصل هشتادوپنجم قانون اساسی درجلسه روز چهارشنبه سوم شهریورماه یکهزاروسیصدوشصت ویک به تصویب کمیسیون امورقضائی مجلس شورای اسلامی رسیده و شورای محترم نگهبان آنراتاییدنموده است وبرای مدت پنج سال ازتاریخ تصویب به صورت آزمایشی قابل اجرا است .

رئیس مجلس شورای اسلامی ـ اکبرهاشمی رفسنجانی

***

درباره این قانون ، که به قول تدوین وتصویب کنندگانش ، " یکی ازمباحث اساسی حقوق تطبیقی جهان

خوا هدشد" بسیا رنوشته شده‌وخوا هدشد. البته این کارِ حقوقدانان و متخصصین حقوق تطبیقی است.

این بنده - البته با شرمندگی بسیار دربرابر همه انسان ها - نگاهی گذرا به بعضی عوارض جنبی این قانون درماههای آینده می اندازم وبعضی آگهی های مندرج درروزنامه‌های جمهوری اسلامی را، براساس مواد مختلف قانون قصاص، پیش بینی میکنم:

نیازمندیهای عمومی

پزشکان

(ماده ۶۵ - برای رعایت تساوی قصاص با جنایت باید حدودجراحت کاملا" اندازه‌گیری شودوهرچیزی که مانع استیفاء قصاص یا موجب ازدیاد آن باشدبرطرف گردد.)

بسمه‌تعالی

دکترهادی منافی

تحدیدحدودجراحت واندازه‌گیری اعضاء بریدنی با مجهزترین وسائل فنی، وبرطرف ساختن موانع استیفاء ازقصاص راءاعم ازموووپشم‌وکرک، با ارزان ترین قیمت ودراسرع وقت می پذیرد.

اندازه‌گیری بانوان بوسیله بانوی مجرب مکتبی.

پذیرائی: عصرها باوقت قبلی

صبح ها به‌وزارت بهداری مراجعه شود.

(ماده ۴۸ ـ زن حامله که محکوم به قصاص است نباید قبل از وضع حمل قصاص شود و پس از وضع حمل چنانچه قصاص موجب هلاکت طفل باشد باید به تاء خیر افتد تا خطر مرگ طفل برطرف شود)

بسمه تعالی
زایشگاه دکتر علی اکبر ولایتی
متخصص بیماریهای زنان
با آخرین متدکورتاژ تاء خیر قصاص شما برادران مسلمان جلوگیری میکند. و پس از وضع حمل سرپرستی طفل را از اولین ساعت های ولادت تقبل مینماید.
به درمانگاه وزارت خارجه مراجعه فرمایند.

خدمات

(ماده ۶۷ ـ اگر گرمی یا سردی هوا موجب سرایت زخم شود باید قصاص در هوای معتدل انجام گیرد.)

بسمه تعالی
بشتابید، بشتابید
برای انجام قصاص، فضای مشجر و خوش آب و هوای باغ ییلاقی آیت الله سید علی خامنه ای، رئیس جمهوری مکتبی و محبوبمان، در ناحیه زرده بند را انتخاب کنید.

سرویس اتوبوس صبح ها وعصرها جلوی درحسینیه جماران آماده انتقال اولیاء محترم دم‌وقصاص شوندگان عزیز است .

(ماده ۳۳ ـ قتل عمدبا شهادت دومردعادل ثابت میشود)

بسمه تعالی

شاهدعادل وکالملا" واردبه مقررات قانون قصاص ، معمم‌وغیرمعمم ، باسابقهٔ طولانی شهادت درقتل،نقص عضو ، لواط ، مساحقه ، بهرتعداد آماده‌داریم . تحویل درمحل محاکمه . به شعبه بنیادمستضعفین درقم‌مراجعه شود .

معاملات و متفرقه

(ماده ۱۴ ـ درهرموردکه‌بایدمقداری ازدیه‌رابه‌قاتل بدهندوقصاص‌کنند ، بایدپرداخت دیه قبل ازقصاص باشد)

بسمه تعالی

معاملاتی برادران رفسنجانی

هرنوع دیه ، قبل ازقصاص وبعدازقصاص را با کمیسیون عادلانه‌خریداریم . به‌سرسرای مجلس شورای اسلامی یاسازمان رادیوتلویزیون اسلامی مراجعه‌فرمایند .

(ماده ۱۴۱ ـ حدلواط،قتل وکیفیت نوع آن دراختیار حاکم شرع است .ماده ۱۵۲ ـ حدتفحیذونظایرآن بین دومردبدون دخول برای هریک صدتازیانه است)

بسمه تعالی
اخدگواهی عدم دخول ازحضرت آیت الله العظمی حسینعلی منتظری درکمترین مدت .
طالبین می توانندبه دفترحوزه علمیه قم مراجعه نمایند .
(ازمراجعه به شخص ایشان به ملاحظاتی خودداری شود)

کارگاهها

(ماده ۴۹ ـ قصاص باآلت کندوغیربرنده که موجب آزار مجرم باشدجایزنیست .)

بسمه تعالی
کارگاه حبیب الله عسکراولادی
همه نوع سفارشات تیزکردن آلات وابزارقصاص ماننداره ، کارد ، گزلیک ، قاشق چای خوری ، ساطور ، سیخ ، مته ، تبروتبرزین ،درا سرع وقت با ۶ ماه تضمین پذیرفته می شود .ابزار قصاص کهنه شما را خریداریم .
به مغازه جنب وزارت بازرگانی مراجعه شود .

(ماده ۱۱۹ ـ بزرگی سنگ دررجم نبایدبه‌حدی باشد که با اصابت یک یا دوتای آن شخص کشته شودونیزکوچکی آن نبایدبه‌اندازه‌ای باشدکه‌نام سنگ برآن صدق نکند)

بسمه‌تعالی کارگاه سنگ رجم سازی زیرنظرمهندس بهزادنبوی بهترین سنگ های استاندارد موردتائیدشورای عالی قضائی ووزارت دادگستری جمهوری اسلامی رادراختیارمشتریان محترم قرارمیدهد. ازیک تن به‌بالا ۱۵ درصدتخفیف عمده‌فروشی به‌وزارت صنایع سنگین مراجعه‌فرمایند.

بیمارستانها

(تبصرهٔ ماده ۶۱ ـ درصورتیکه مجرم دست راست نداشته باشددست چپ اووچنانچه دست چپ هم نداشته باشدپای اوقطع خواهدشد.)

بسمه‌تعالی کارگاه‌توانبخشی‌بیمارستان امام‌خمینی نرخ‌اعضاء مصنوعی را باطلاع قصاص شدگان میرساند :

دست‌چوبی ، ساخت‌کره‌شمالی	هرعدد ۵۰۰۰ ریال	
پای‌چوبی،ساخت‌کره‌شمالی	هرعدد ۷۰۰۰ ریال	
چشم‌مصنوعی‌بلغاری سیاه	یک عدد ۴۰۰۰ ریال	
	یک‌جفت ۷۵۰۰ ریال	
چشم‌مصنوعی‌زاغ ،ساخت‌آلمان‌شرقی	یک عدد ۵۰۰۰ ریال	
	یک جفت ۹۵۰۰ ریال	

وکالت

(ماده ۵۱ ـ ولی دم بعد از اذن حاکم شرع میتواند شخصا " قاتل را قصاص کند یا وکیل بگیرد .)

بسمه قاصم الجبا رین

محمدری شهری وکیل پایه یک اسلامی

با سابقهٔ چندساله برای قبول هرنوع وکالت قصاص : قصاص قتل ـ بریدن دست و پا ـ کورکردن چشم ـ پاره کردن پرده گوش ـ بریدن گوش و دماغ ـ بریدن زبان و بینی ـ شکستن دندان ـ بریدن آلت تناسلی آماده است . حداکثر درد قصاص تضمین می شود . در ساعات اداری به زندان اوین مراجعه نمایند .

(ماده ۶۹ ـ هرگاه شخصی یک چشم کسی را کورکند قصاص میشود اگرچه جانی بیش از یک چشم نداشته باشد .)

بسمه تعالی

علاوه برکورکردن چشم ، وکالت درقصاص قرکردن واخته کردن با آخرین متدرا می پذیرد .

دکتر عباس شیبانی

متخصص بیماریهای آمیزشی واخته

ومشاورطبی ریاست مجلس

(ماده ۱ ـ قتل عمدبرابرموادا ین فصل موجب قصاص است . اولیاء دم می توانند با اذن ولی مسلمین یا

۸۱

نما یندهٔ اوقاتل را با رعایت شرایطی که خواهدآمد به قتل برسانند.)

نمایندگی قصاص توکلی - خدائی وشرکاء

قصاص زیرگرفتن با ماشین

احمدتوکلی با سابقه عضویت شورای انقلاب و وزارت وراننددگی وبا داشتن گواهینامهٔ پایهٔ یک همگانی، وکالت شما را برای قصاص زیرگرفتن با ماشین می پذیرد.

قصاص قتل با کُلت

عبدخدائی نماینده مجلس شورای اسلامی، با سی سال سابقهٔ آماده قبول سفارشات شما برای قتل با کلت است. اذن ولی مسلمین یانمایندهٔ اورا تضمین مینماید.

به دبیرخانه مجلس شورای اسلامی مراجعه فرمایند.

(ماده ۶۶ - اگردراثرحرکت جانی قصاص بیش ازجنایت شودقصاص کننده ضامن نیست واگربدون حرکت مجرم قصاص بیش ازجنایت شوددرصورتیکه این زیاده عمدی باشد قصاص کننده نسبت به مقدارزائدقصاص میشود)

بسمه تعالی

سئوال - آیا استفاده از دستگاه کالباس بری مجاز است؟
جواب - اگر جهت توزیع گوشت خنزیر بکار نرفته باشد لامانع است
روح الله الموسوی الخمینی

قصاص با ضمانت

سرهنگ سررشته‌داری، اتابکی، دادستان دادگاه انقلاب اسلامی ارتش، برای قبول وکالت قصاص بریدن دست و پا و انگشت و سایر اعضاء وجوارح، با ضمانت میلیمتری، بوسیله دستگاه مدرن کالباس بری برقی، آماده است. به بنیاد مسلم بن عقیل (آرزومانیان سابق) مراجعه فرمایند.

قدردانی و تشکر

(ماده ۱۵۶ - کسی که مرتکب لواط شده باشد اگر قبل از شهادت توبه کند حد از او ساقط می شود و اگر بعد از شهادت توبه نماید حد از او ساقط نمی شود - و اگر با اقرار ثابت شده باشد و توبه کند حاکم شرع می تواند عفو نماید.)

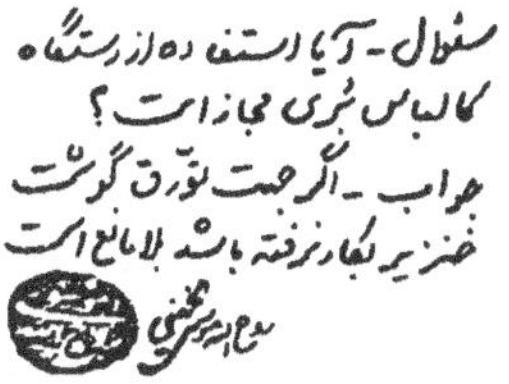

قدردانی

اینجانب سیدابراهیم دستجردی ، طلبه مدرسه فیضیه قم ، که براثر سعایت دشمنان اسلام وعناصرضدانقلاب ، به اتهام واهی لواط مورد تعقیب دادگاه شرع قرارگرفته بودم ،وظیفه اخلاقی وشرعی خودمیدانم که ازمراحم وعنایات حضرت حجت الاسلام والمسلمین آقای محمدی گیلانی حاکم محترم شرع ، که باکمال سعه صدر وبزرگواری ،اینجانب را موردعفوقراردادند ، بدینوسیله ابرازامتنان کنم وبه عرض برادران مسلمان برسانم که همه روزه ، بعدازنمازمغرب وعشا ، لغایت چهارساعت ازشب رفته ،درحجرهٔ خودودرخلوت روحانی، برای بقای عمررهبر کبیرانقلاب وبنیانگذارجمهوری اسلامی، امام خمینی روحی فداه به دعاگوئی مشغول میباشم.

به کوری چشم ضدانقلابیون بی تربیت

سیدابراهیم (اِبی)دستجردی

مدرسه فیضیه ـ درب شمالی ، بعدازدالان،حجرهٔ پنجم دست راست.

(۵ آذر ۱۳۶۱)

نسل شجاعانِ مصلحت اندیش

سناریو میهنی

(هرنوع شباهت ظاهری با افراد حاضر و غایب ، زنده و مرده ، اتفاقی و تصادف محض است)

اشخاص :

دکتر روشن بین
منیر ، زن او
کتی ، دختر آنها
خانم‌جون ، مادر منیر
عبدالله‌خان ، برادر منیر

صحنه سالن پذیرائی آپارتمان دکتر روشن بین واقع در خیابان فوش ، پاریس .
تلویزیون روشن است .کتی ، دختر هجده نوزده‌ساله‌ء دکتر روشن بین ، روی مبل لمیده ومشغول تماشای تلویزیون است .یک سگ گرگی عظیم الجثه کنارا وروی مبل خوابیده است .
زنگ مکرر تلفن
صدای دکتر روشن بین ـ بابا ، یکی به‌این تلفن جواب بدهد !

صدای منیر- (ازآشپزخانه) کتی گوشی را بردار ، من دستم گیراست ! ممکن است تهران را داده باشند .
کتی - خودت بیا ! جای حساسش رسیده .لوسی میخواهد با میچ عروسی کند .
فریاد منیر - من دستم توغذاست !
کتی - بگوخانم جون بردارند !
فریادمنیر - خانم جون دارندنمازمیخوانند .
کتی - (قرولند) خانمجون همکه ازصبح تا شب نماز میخوانند . چندتا پل نیومن وچندتا آلن دلون برایشان توی بهشت رزروکرده اند ! (بلند) خانمجون ، نمازتان باطل است ویسکی رفت تواطاقتان ! (سگ گوشها را تیز میکند)
صدای منیر - امیر ، توتلفن راجواب بده !
روشن بین - آن که نمازش قضا میشود ، این برنجش قضا میشود ، این یکی دالاسش قضا میشود ... من شده ام تلفنچی ! ... آلو ... بله بفرمائید ! سلام ، قربان شما ، خیلی متشکرم ... الحمد لله سلامتند ... دست شما را میبوسد ...والله قابل عرض هیچی ، همین خبرهای روزنامه ها وراديوها ... بازپریروزیک عده را تیرباران کرده اند . یک مشت آخوندجانی دنیا پرست شکمباره برجان ومال یک ملتی حاکمشده اند ...پیرسگ همنمی میردجان یک ملتی را خلاص کند ... بعله ... ازاین شایعات خیلی هست . آن دوماه پیش هم میگفتندحالش بداست ، زیر چادراکسیژن است ، اما آن هفته تلویزیون نشانش داد ، گردنش را تبردا رنمیزد ... ای آقا ! ... نخیر آقا ، بایددید اربابها چه تصمیمی میگیرندومصلحتشان چه

ایجاب میکند... والله نه، این آخری یک مقاله برای "سایکولوجیک رویو" نوشته‌ام، ولی بیشتر روی همین کتابم دارم کار میکنم ... بله، تقریبا، یعنی عمده کارتمام شده... نه به آن صورت... اسم قطعی اش را هنوز انتخاب نکرده‌ام. اسم موقتش را گذاشته‌ام "نورا قرب سهروردی، صورتی از وهومن زرتشت" تا انشاءالله یک اسم کوتاه‌تری برایش پیدا کنم، مثلا "تداوم انوار ایزدی" یا مثلا" ... حالا تا چه مصلحت باشد...

منیر- (وارد میشود) تمام ش کن! تهران را خواسته‌ام ممکن است بدهند.

روشن بین - خیلی متشکرم ... نه، ما هم اگر بتوانیم این آپارتمان را بفروشیم، خیال داریم بریم پیش قوم وخویش ها ... بله، همه امریکا هستند... اخوی هم آنجاست ... نه آقا، آنها هم هزار جور گرفتاری دارند. بدبخت ها مجبور شدند آن خانه بورلی هیلزشان را بفروشند بروند آن خانه آرنج کانتی ... میگفت بچه ها خیلی ناراحتند. اطاق هاشان کوچک است، استخر ندارند، خلاصه هزار بدبختی وگرفتاری دارند، نه، فقط سیروس برادرخانم تهران است.

منیر- تمام ش کن صحبت را، ممکن است تهران را بدهند!

روشن بین - (دست روی دهنه گوشی) چی گفتی؟

منیر- گفتم صحبت را کوتاه کن، تلفن تهران را خواسته‌ام.

روشن بین - (عصبی) خیلی خوب، حالا یک دقیقه دیرتر با آن مردکه حرف بزنی آسمان زمین نمیآید. (با تلفن)

خیلی عذرمیخواهم ، میفرمودید؟ ... نخیرآقا ، این قافله تا به حشر لنگ است . اینها بهانه است .چرا مصلحت مبارزه را درنظرنمیگیرند؟ این یکی که دزدی کرده ، آن یکی که ساواکی بوده ، این یکی کارچاق کن دربار بوده ، آن یکی وزیرخمینی بوده ، الان مصلحت نیست به این جزئیات بپردازیم . الان مملکت درخطرنابودی است . مصلحت ملت و مملکت حکم میکندبا شمرهم اگرلازم شدمتحد بشویم ... بهرحال بنده این طرزفکررا نه تنها مصلحت نمی بینم بلکه خیانت به مصالح مملکت میدانم ... من که با تمام گروهم حاضرم با همه گروه های اپوزیسیون ائتلاف کنم ...

منیر- امیر ، صحبت را کوتاه کن . ممکن است تهران را بدهند !

روشن بین – (دست روی دهنه گوشی) خیلی خوب خفه ام کردی ! ... (تلفن) الو ... عذرمیخواهم ، خانم یک سئوالی کرد ... خیلی متشکرم ، ایشان هم سلام میرسانند . بهرحال چهارشنبه که جلسه داریم ، زیارتتان میکنم ... خیلی خیلی متشکرم ... قربان شما . (گوشی را میگذارد)

منیر- چه عجب !

روشن بین – (عصبانی) بفرمائید همه خفه بشوندکه خانم با این مردکه پفیوزنعلین لیس ریزه خورسفره آخوندی احوالپرسی کنند !

منیر- نفهمیدم ! حالاسیروس شدنعلین لیس ؟ لابدبرای همین ازکاربیکارش کرده اند ؟!

روشن بین – چشمش کور! آنقدرنوکری وچاکری آخوند را کردتا دمش راگرفتندانداختندش بیرون .

منیر- ببینم! سرکارکه الحمدولله برای آخوندکار نکردید! چون سیروس هفت هشت ماه بیشترکارکردنوکر آخوندوکاسه‌لیس سفره آخوندشد؟

روشن بین - من بخاطرشاگردهایم بود. بهمین دلیل روزی که‌دانشگاه رابستنددیگرکاری قبول نکردم.

منیر- نیست که‌خیلی کاربهت پیشنهادکردند! نیست که دست به‌دامن عبای آخوندنشدی! ...

روشن بین - (فریاد) آن وقت هنوزآخوندها بیست هزار نفررانکشته بودند!

منیر- (فریاد) پس آن‌کسی‌که‌تا بیست هزارکشته‌سرکارش رفته بی شرف است وآن که تا پانزده‌هزارکشته‌رفته شرافتمنداست؟!

کتی - ازبس دادمیزنیدصدای تلویزیون رانمی شنوم.

(زنگ میزنندکتی دررابازمیکندعبدالله‌خان، برادر منیروارد میشود)

عبدالله‌خان - سلام، سلام چه‌خبرشده؟ صداتان تاتوی آسانسورمیآید؟ بازبحث سیاسی کردید؟

منیر- چه میدانم! ازآقا بپرس! بیکاری میزندکله‌اش، میپردبه‌پروپاچه‌همه!

عبدالله‌خان - (باخنده) امیرحسین، بازتواین خواهر بی‌زبان مظلوم ما راتنها گیرآوردی!

روشن بین - یکی این مظلوم است یکی خلخالی.

منیر- فکرش رابکن! بهش میگویم تهران راخواسته‌ام اینقدرپای تلفن قصه‌نگو، یکباره دادوفریادراه می‌اندازد به‌سیروس بیچاره هزارجوربدوبیراه میگوید. سیروس نوکرآخوند، سیروس کاسه‌لیس آخوند، سیروس عمله‌آخوند،

خودش ضدآخوندو آزادی خواه و آزادمنش و عصاره آزادی . . .
عبداللله‌خان - (ناگهان زیرآواز میزنند) این بانگ آزادی، کزخاوران خیزد، فریاد انسان هاست، کزبیکران خیزد، این خروش خشم انسان های دربنداست،حبل‌المتین توده های آرزومنداست . . . راستی یکنفرازتهران آمده بودخبردست اول داشت که امام سخت مریض است، حتی دوسه‌دفعه روبه‌قبله‌اش کرده‌اند . . .
(تلفن زنگ میزنند)
منیر- الو . . . ووی مادموازل . . . ووی . . . آه ؟ووی؟ . . . نو . . . آلور، بی ین . . . تره‌بی ین . . . اوکی ! (گوشی را میگذارد) میگویدتهران راگرفتیم تلفنتان مشغول بود، حالا باید حداقل دوساعت دیگرانتظاربکشید. اینهم دست‌گل آقا ! ظهرتاحالانشسته‌ام‌پای تلفن، آنقدرازنور عقرب ونورماه‌سهروردی گفت که‌حالابایدوباره تا صبح پای تلفن بنشینم .
روشن بین - یکماه هم که بنشینی می ارزد ! مبادا خدای نکرده آن آخوندبی عمامه‌سرش سرماخورده باشد . ماکه‌داریم اینجا باهزارخطرمبارزه میکنیم مهم‌نیست، اما آن آقا . . .
عبداللله‌خان - باباکوتاه بیآئیدشما هم !
منیر- من نمیدانم این آب رودخانه سن چه‌خاصیتی دارد که‌هرکس نسیمش بهش میخورد آزادیخواه میشود .
روشن بین - بنده‌ازامروزآزادیخواه نشده‌ام . از روی نیمکت مدرسه‌مبارزه برای آزادی را شروع کردم .
عبداللله‌خان - (زیرلب) بازحالت " چگوارا " ئی بهش دست داد .

خا نم‌جون ، ما درمنیر ، یک کا غذوپا کت بدست وا رد میشود.
خا نم جون ـ منیرجون ، ببین ا ین عینکم را من کجـــا گذا شته‌ا م ... نه ، تکا ن نخور ، ا ینجا روی میزا ست ...
(با عبدا لله روبوسی میکند)
(تلفن زنگ میزند. منیرگوشی را برمیدا رد)
منیرـ ا لو... سلام آ قا ، بله ، هست ، گوشی خدمتتــا ن بیا ، ترا میخوا هند.
روشن بین ـ حا لادیگرا جا زه هست را حت حرف بزنم؟! ا زتلفن سیروس جون که تا دوسا عت دیگرخبری نیست . ا لو....سلام ، به‌به ، قربا ن شما . خیلی متشکرم ، لطف دا رید.زیرسا یه محبت دوستا ن همه‌خوبند... نخیرنشینده بودم...ده ! کی گفت ؟...(پوزخند) حدس میزدم.ا ینها آ قا ، مردمبارزه نیستند. بنده‌ا زهما ن موقع منتظرش بودم.ا ینها هـــزا ر رنگ میزنند. تا شا ه بودآ قا شا ه پرست وآ ریا مهـــری و رستا خیزی بودوروزی هزا رمعلق جلوی دربا ری ها میزد و هزا رجورتملق میگفت . حا لابنده یک چیزی خدمتتا ن عـرض کنم.بعدا زآ ن کنفرا نس آ موزشی را مسروآ ن تودهنی کذائی که من به‌شا ه زدم ...(عبدا لله‌خان ومنیرمبهوت یکدیگـر را نگا ه میکنند) طوری حرف زدم‌که هویدا خدا بیا مرززرنگش ا زترس مثل گچ شده‌بود. گفتم‌ا علیحضرت ا ین سیا ســت آ موزشی ما را به‌ترکستا ن میبرد.
صورت عبدا لله‌خا ن روی پرده درشت میشودچشمها یش گـــرد شده‌ا ست .تصویربه‌سرعت میچرخد ومحومیشود.
فلاش بک که به‌خلاف فیلمِ تما م رنگی ، سیا ه وسفیدا ســت جا نشین تصویرقبلی می شود.

فلاش بک

(درناها رخوری ویلای روشن بین درزعفرانیه تهران)
روشن بین وعبدالله خان کمی جوان تر، مشغول صحبت هستند. میزبرای غذا چیده شده است. عبدالله خان روزنامه‌ای دردست دارد.
عبدالله خان - امیرحسین، مگرنمی گفتی که استادهای امریکائی سپاه دانش وبرنامه‌های آموزشی شاه را مسخره میکردند. مگرنمی گفتی موقع سخنرانیت محصلین ایرانی فحش دادندومرگ برشاه گفتند.
روشن بین - بله، بله، البته یک مقداری ایراد و انتقادهم بود.
عبدالله خان - پس این حرفها چی بوده توی این کنفرانس را مسرزدی ؟
روشن بین - بنشین سالادراشروع کن، بعدصحبتش را میکنیم.
عبدالله خان -نه، میخواهم بدانم اینها راتوگفته‌ای یا نه؟ (خبرروزنامه را بلندمیخواند) ... دراین شرفیابی پس ازبیانات آقای نخست وزیر، دکترروشن بین گزارشی ازسفرخودبه امریکا وسخنرانی دردانشگاه پرینستون در باره انقلاب سفیدوبرنامه‌های آموزشی کشور، بشرفعرض رساند. نامبرده درقسمتی ازسخنان خودچنین گفت: "چاکر جزئیات اصل سپاه دانش راتشریح کردم، استادان و دانشجویان حاضرطوری تحت تاء ثیرقرارگرفتندکه بدون اغراق حدود یک ربع ساعت دست زدندوبخصوص عکس العمل

دانشجویان ایرانی که از فرط احساس و اشتیاق اشک میریختند قابل توجه بود. در پایان سخنرانی استادان که واقعاً "شیفته ابتکارات داهیانه ذات مبارک ملوکانه شده بودند از چاکر مصراً" تقاضا کردند که یک گزارش کتبی از نحوه اجرای این اصل برای یونسکو بفرستم که در سایر کشورها براساس همین شیوه عمل بشود..." امیرحسین خان، حالا انتقادها و فحش ها و شعارها را نمی گفتی، ساکت میماندی، مگر مجبورت کرده بودند اینقدر دروغ بگوئی؟
روشن بین - آخر تو که به گرفتاری های ما وارد نیستی. با آن وضعی که برای ما پیش آمده بود مصلحت ایجاب میکرد که از یک طرفی یک آوانسی به شاه بدهم.

(بازگشت به صحنه اولیه - ادامه مکالمه تلفنی)

روشن بین - ... بله، البته رشد سیاسی مسئله مهمی است ولی مهم تر پایداری وسماجت در اعتقادات است. آدم واقعاً "مبهوت میماند. ده! آخر آقا، با یک تکان کوچک تمام اعتقاداتت را زیر پا میگذاری؟... پس پرنسیب را چه میکنید؟... نخیر آقا، اصلاً" مثل اینکه ما از یک نژاد دیگری هستیم. ما بقول مرشد پیرمان، مصدق بزرگ، شعارمان قمفا ستقم است...
عبدالله خان - (آهسته) امیرازکی مصدقی شد؟
منیر- (آهسته) از راه پیمائی روز عاشورا!
صورت منیر روی پرده درشت میشود تصویر به سرعت میچرخد وکم کم محو میشود.

فلاش بک

دریکی ازخیابان های فرعی شاهرضا، روشن بین ومنیر و

کتی باتفاق عبداللەخان ازماشین پیاده میشوند)
کتی ـ حالا من راهپیمائی نکنم نمیشود؟
روشن بین ـ امروزیک روزسرنوشت ساز است. امروز روز مبارزه نوربا ظلمت است.
منیرـ اصلا" میماندی خانه چەکارمیکردی؟ روزعاشوراکه تلویزیون برنامه ندارد.
عبداللەخان ـ منهم ازاین راهپیمائی چشمم آب نمی‌خورد. ندیدیددیروزچطورعکس مصدق راپائین کشیدند!
روشن بین ـ امروز دیگرغلط میکنند! (شعارمیدهد) درودبرمصدق!
چنددقیقه بعدهرچهارنفردرصف راەپیمایان درخیابان شاهرضا.
منیرـ (شعارمیدهد) درودبرمصدق! (بەشوهرش) عکس مصدق راچەکارکردی؟
روشن بین ـ تاکردم گذاشتم جیبم.می بینی کەمحیط مناسب نیست.الان مصلحت نیست عکس بالاببریم.
منیرـ درودبرمصدق!
روشن بین ـ (آهسته) صدایت راااینقدربالانبر! نمی بینی این ریشوها چەچپ چپی نگاه میکنند!
عبداللەخان ـ پس ماآمدیم برای آقای خمینی‌راهپیمائی کنیم؟
روشن بین ـ بهرحال مقصودما مبارزه بارژیم اختناق است.این مردکه دیکتاتورآزادی کش برودهرکس بیاید بهتراست.
منیرـ (آهسته) درودبرمصدق!
یک دخترمقنعەپوش ـ خواهر، شعارهای اپورتونیستی

ندهید !با خلق‌ها همصدا بشوید !
روشن بین ـ (آهسته) فقط لب ودهنت را تکان بده ، تودلت بگودرودبرمصدق !
یک ریشو ـ (تند) آمده‌ایدهواخوری ؟ چرا شعار نمیدهید؟ (شعارمیدهد) درودبرخمینی !
روشن بین ـ (همصدا باسایرین) درودبرخمینی! ... اینست شعارملی ـ خدا قرآن خمینی !
عبدالله‌خان ـ (آهسته) پس مصدق تعطیل ؟ بایک نهیب این ریش پشمی جازدی ؟
روشن بین ـ (آهسته) الان خلاف جریان شناکردن مصلحت نیست (بلند) اینست شعارملی ـ خدا قرآن خمینی .
عبدالله‌خان ـ (چشم به‌سروسینه‌خانمهای شیک پوش) پس دراین صورت ، (شعارمیدهد) درودبرتوخواهر مبارز! ... درودبرتوخواهرمبارز!
(بازگشت به‌صحنه‌اولیه ـ ادامه مکالمه تلفنی)
روشن بین ـ ... ازاینجورآدمها فراوانند . همین سیروس برادرخانم ، مردکه‌ابله‌ضعیف نوکرمآب که معروف به شیک پوشی وخوش لباسی بود ، برای خوش آیندآخوندها ریش گذاشته‌بودوتسبیح می انداخت . بالاخره‌هم‌آخوندها اجرش راکف دستش گذاشتندمثل دستمال کثیف روزی که بهش دیگراحتیاج نداشتنددورش انداختند ...
صورت‌کتی باچشمهای گردروی پرده‌بزرگ میشود .تصویر بسرعت میچرخدومحو میشود .

فلاش بک

(جلوی درورودی یک ویلای بورژوا درزعفرانیه)

روشن بین پشت رل ماشین نشسته وموتور ماشین را گرم میکند. منیرکنا را ونشسته است. روشن بین بوق میزند و صدا میکند:

روشن بین - کتی! کتی! باباجان، دیرم شد، چرا معطلی؟ مدرسه خودت هم دیر میشود!

(کتی دوسه سال جوان تر، باکیف مدرسه ازدرویلابیرون میآید وسوار میشود)

کتی - وای باباجون! این چه قیافه ایست درست کردی؟ چرا ریشت را نتراشیدی؟ چراکراوات نزدی؟

روشن بین - کارفوری داشتم فرصت نشد.

(کتی درماشین را باز میکند که پیاده شود)

کتی - من با این قیافهٔ توهمراهت نمی آیم، آبرویم جلوی بچه ها میریزد.

منیر- نگفتم حالا صدای کتی درمیآید! (به دخترش) کتی جان، پدرت وقت گرفته برود پیش آقای بهشتی و آقای منتظری. ترا توی آن کوچه پشت مدرسه پیاده میکنیم.

کتی - مقصودتان گربه نره وراسپوتین است؟

روشن بین - (تحکم وملامت) کتی!!

کتی - این بوگندگلاب چیه؟

منیر- عزیزم، بابا، عوض ادوکلن، گلاب زده...میدانی آخراین آقایان ازبوی ادوکلن خوششان نمی آید.

کتی - اصلا" من با تاکسی میروم.

روشن بین - باباجان، توبچه نیستی. بایدبفهمی که امروزه وضع ماعادی نیست. من برای کارم بایدحتما" آیت الله بهشتی وآیت الله منتظری راببینم. اینها هم

که میدانی چه آداب ورسوم بخصوصی دارند. الان واقعاً" مصلحت نیست ما با فکل کراوات وصورت تراشیده واینجور چیزها توی ذوقشان بزنیم.

(بازگشت به صحنه اولیه - ادامه مکالمه تلفنی)

روشن بین - ... شما با این مردم بدبخت چشم وگوش بسته که عکس آقا را درماه دیدند، با این احمق هائی که موی ریش وابروی آقا را لای قرآن پیدا کردند، چه میخواهید بکنید... این آقایان نان حماقت مردم را خوردندویک عده ای هم که باید مردم را روشن میکردندنکردند. ما هم هرچه توی سرخودمان زدیم فایده نکرد. صدای ما در این طوفان حماقت بکلی گم شد...

صورت خانم جون روی پرده درشت میشود. تصویربه سرعت میچرخدو محو میشود.

فلاش بک

(در ویلای دکتر روشن بین)

خانم جون - زهرا خانم قسم خوردکه خودش وشوهرش و دخترهایش عکس آقا را خیلی واضح توی ماه دیده اند.

عبدالله خان - (باخنده) عکس تمام قدیا نیم تنه ؟رنگی یا سیاه وسفید؟

روشن بین - عبدالله، اعتقادات مردم را نباید به مسخره گرفت. البته یک چیزهایی هست، یک مسائلی هست که از نظرعقلی وعلمی قابل توجیه نیست ولی این دلیل نمیشود که بکلی انکارشان کنیم.

خانم جون - مژهٔ آقا را که دیگرخودمنهم دیدم. لای سوره بقره... اصلا" خودتان امتحان کنید. عبدالله، پاشو

قرآن را بیاور!
عبدالله‌خان - خانم، همین بلندشدن وآوردن برای پیدا کردن موی آقا لای صفحه‌ها، توهین به‌عقل وهوش وشاءن آدمیزاد است. وانگهی این صحاف‌های قرآن بیشترشان ازاین پیروپاتال‌ها هستندکه ریش وپشم ومژه‌وابروشان میریزد، ازکجاکه مال آنها نباشد؟
خانم‌جون - توهم‌که‌همه‌چیزرا مسخره‌کن! شما یک حرفی بزنید، امیرحسین خان! شما آن قرآن رابیاوریدنگاه کنیم.
روشن بین بلندمیشودوقرآن راازقفسه‌کتابها برمیدارد وبه‌لب وپیشانی میرساندوبدست خانم‌جون میدهد.
عبدالله‌خان - (آهسته) امیرحسین، یعنی اگر الان خانم‌جون یک مویا پشم لای قرآن پیداکنندلیل حقانیت آقاست؟توکه‌اهل علمی، توکه‌نا سلامتی فیلسوف خانواده‌ای، لااقل زیربارعکس‌توی ماه وموی ریش‌لای قرآن نرو!
امیرحسین - من اینهارامیدانم عبدالله، ولی الان باوضع فعلی مصلحت نیست ماروددرروی اعتقادات مردم بایستیم.
(بازگشت به صحنه‌اولیه - ادامه‌مکالمه‌تلفنی)
روشن بین - ... باکمال میل ... من که‌میدانیدازآخوندوحزب‌اللهی باکی ندارم‌ولی هما نطورکه‌عرض‌کردم بهتراست‌اسم من نباشد. مقاله‌رانوشته‌ام فقط منتظرم منیرجان فرصت‌کندبرایم ماشین کندکه‌خط من دست‌این وآن نیفتد. شما میدانیداینها چه‌مردم بی شرفی هستند بمحض‌اینکه‌بوببرندیایکنفرگزارش‌کندکه‌فلانی درروزنامه اوپوزیسیون مقاله‌نوشته یکسرمیروندسراغ‌بستگانم...

چطور ؟ ... نخیر ، همه‌خارج نیستند ، طفلک سیـــروس ما آنجاست ، سیروس برا در منیر ، تهران است . برای خاطر مبارزات من بیکارش کردند، همین ما نده که ببرنـــــد تیربارا راننش کنند . شما هم که میدانید سیروس ا زبرا در بمن نزدیک تراست ... نخیر ، مقاله خیلی‌بودا را است ... اصلا" خطرناک است . عنوانش " یونان باستان در مواجهه با ماتریالیسم دموکریت " است . ولی یک سوتیتـــــر خطرناک پرکنایه داردکه:" انکارنقش خدایان درتوجیه عالم‌هستی " است . به‌هرحال خدمتتان میفرستم ولی باید بمن قول بدهید که غیرا زخودتان کسی نفهمدکـــه مـن نوشته‌ام ... باکمال میل ... البته ... صدا لبتـــه ... مبارزه این چیزها را همدا رد ... گفت ، من آن روزی کـه اینجا پا نهادم ترک سرکردم ... باکمال میل ... قربان شما ... انشاءالله ، با میددیدار . (گوشی را میگذارد) خانمجون ـ (درحال نوشتن) عبدالله ، مستاء صـــلرا چه شکلـــی مینویسند؟

عبدالله ـ شکلِ قیافه امیرحسین خان درهمین لحظه حاضر که بعدا زآن‌همه‌لاف " چه‌گوارا "ئی ازش مقالـه می خواهند و مستاءصل ما نده که چه بکند .

روشن‌بین ـ ا اینقدرمزخرف نگوعبدالله ! من ا این حرف را به این آقا روی یک مصلحتی گفتم . من یک چیزها ئـــی میدا نم که تونمیدا نی .

منیر ـ (بلند) خانمجون ، بنویسید مستا ،با سین بعـد هم یک صل با صا دولام .

روشن‌بین ـ (نگران) این کا غذها را با زمیکنند ،یـک وقت خانمجون چیزی توی کا غذننویسند برای ما دردسـر

بشود؟! " مستاء صل " را برای چی میخوا هند؟
منیر- نترس ، چگوا را ! دا رندبرای ظلعت به ا مـــریکـــا مینویسند .
روشن بین - درواقع برای ا مریکا هم مصلحـــت نیســـت بنویسند .
(تلفن زنگ میزند)
منیر- الو، الو... یس ... یس ...ووی ما دموا زل ... الوسیروس جا ن سلام، قربون شکل ما هت ... حـــا لـت چطوره ؟ما هم خوبیم... خا نم‌جون هم‌خوبند...همه‌خوبند...
روشن بین - اول بده من صحبت کنم . یک کا رفوری بـــا سیروس دا رم. توبعددردل کن !
منیر- ببین سیروس ، ا میرمیخوا هدصحبت کندمن بعـــد صحبت میکنم .
روشن بین - (عصبا نی) صددفعه‌گفتم پای تلفن ا سم‌مرا نبر! ا ینها تلفن ها را کنترل میکنند! مگرحالیش‌میشود؟!
(گوشی را میگیرد) الو، سیروس‌جا ن سلام...تصدق شکـــل ما هت ...خوبیم الحمد لله...مرسی، قربا نت ... چـــه خبرها ؟... حا ل ا ما م چطورا ست ؟ ...بعضی ا زا ین مـــردم بیشرف ضدا نقلاب شا یع کرده‌ا ندکه‌خدای نکرده‌ا ما مکسا لت دا رند...
عبدا لله‌خا ن - (آهسته) مردم بیشرف ضدا نقلاب یعنـــی بنده !
روشن بین - ... خوب خدا را صدهزا ربا رشکر... خـــدا انشاءالله‌سا یه‌ء ا ما م را ا زسرما کم نکند... سیـــروس جان یک خوا هشی ا زتودا رم. البته‌ا مروزبه‌یحیی هم تلفنـــی گفتم، به‌توهم‌میگویم. نمیدا نم ا ین صا حبخا نه مـــا روی

آب انبار را پوشانده یا نه... میدانی انبار آب را میگویم. دیشب از رادیو شنیدم که تهران یخبندان شده تا صبح خوابم نبرد. میدانی این حاجی حالیش نیست. تو یک تلفن بکن به حاجی ... میدانی همان حاجی پنیرفروش صاحبخانه ما، سفارش کن روی آب انبار را بپوشاند که از سرما نترکد... چی؟ ... حاجی ... حاجی پنیرفروش ...پ... ن ... ی ... ر فروش ... همان که ما مستاءجرش هستیم... (عصبی) حاجی پنیرفروش که پنیر وارد میکند...خیلی خوب، خیلی خوب ... گوشی را میدهم به منیر... قربانت ... (به منیر) فرصت نده راجع به این موضوع سئوال کند! هیچ حرفی از صحبت من نزنی ها!

(منیرگوشی را میگیرد و مشغول صحبت میشود)

روشن بین - (عصبانی) این برادر شما هم واقعا" خداوند خرفتی وبیشعوری است!

عبدالله خان - ما که بیشرف ضدانقلاب شدیم، اما آن بدبخت چه گناهی کرده؟

روشن بین - گناه او اشاره حالیش نمیشود.هرچه میخواهم بهش بفهمانم به این سفیربلغارستان بگو روی استخرما را بپوشاند که از سرما نترکد، حالیش نمیشود که نمیشود.یعنی بیشعوری بحدی است که...

عبدالله خان - ببینم! شما میفرمائید به حاجی پنیرفروش موجرشما بگوید که روی آب انبار را بپوشاند، آن بدبخت باید بفهمد که به سفیربلغارستان، مستاءجرشما، بگوید روی استخر را بپوشاند؟

روشن بین - کی پنیربه ایران میفروشد؟ غیراز بلغارها، هربچه مکتبی بود می فهمید که منظور من از حاجی پنیرفروش

سفیر بلغارستان است .

عبداللەخان ـ والله، بنظرمن متخصصین رمز اینتلیجنت سرویس هم باید ۲۴ ساعت وقت صرف می کردند تا کشف کنند که مقصود از حاجی پنیری ، هیزاکسلنسی رفیق دیمیتری میخائیلوف سفیر بلغارستان است . وانگهی خیال میکنی آخوندها با همه دم و دستگاه جاسوسی شان نمیدانند که توخانه ات را به سفیر بلغارستان اجاره داده ای ؟

روشن بین ـ البته که بالائی ها شان میدانند . ولی با اوضاع و احوال فعلی مصلحت نیست که این اوباش خرده پای کمیته ها متوجه بشوند که من ویلا و باغم را با استخر و تجهیزات به یک سفارتخانه اجاره داده ام !

(۱۷ دی ۱۳۶۱)

سه مرد خبیث

نمایشنامه جاسوسی وجنائی

اشخاص (به ترتیب ورود به صحنه)

حضرت جبرئیل
حضرت عزرائیل
آقای خمینی
آقای خامنه‌ای
آقای رفسنجانی
آقای منتظری
خانم منتظری
یک زن
یک خدمتکار

شب تاریک ، رعدوبرق ، ناله‌بوم ، صدای بال خفاش ... جبرئیل وعزرائیل درفرودگاه هلی کوپترِ مجاورکاخ جماران فرودمیآیند . ازمیان توپهای ضدهوائی و موشک های زمین به‌هوا ومسلسل های سنگین ولابلای صفوف بهم‌فشرده‌ٔ پاسداران عبورمیکنندوپشت درفولادی ضد خمپارهٔ اطاق خواب خمینی کمی منتظرمیمانند ،بعداز چنددقیقه دربازمیشودوحاج احمدآقا باقیافه بغض کرده بیرون میآید . حضرات جبرئیل وعزرائیل ازفرصت بازشدن

در، استفاده میکنند وخودرا به داخل اطاق می اندازند.
خمینی دربستربیماری افتاده است. عزرائیل به یک گوشه تاریک اطاق میرود. جبرئیل با ملایمت بازوی خمینی را تکان میدهد.
جبرئیل - حضرت امام ... حضرت امام!
خمینی - (چشم باز میکند) شما کی هستی ؟ چطور اینجا آمدی ؟ ... آهای پاسدا ...
(جبرئیل دست روی دهن او میگذارد)
جبرئیل - سروصدا نفرمائید. بنده جبرئیل هستم.
خمینی - کدام جبرئیل ؟
جبرئیل - چطورکدام جبرئیل ؟ جبرئیل امین ... از بالاخدمتتان رسیده ام.
خمینی - ببینم! پس این جبرئیل وعزرائیل واسرافیل و چه وچه راسته ؟
جبرئیل - اختیاردارید، حضرت آیت الله. اگرراست نبودمن چطورازمیان این برج وباروی توپ وموشک و پاسدارکه ملخ هم نمیتواندردبشود، میتوانستم خودم را اینجا برسانم؟
خمینی - خوب، حالاچه کارداری، شما ؟
جبرئیل - قربان،خبرخوشی براتان آورده ام.
خمینی - ساقط شدآن صدام عفلقی ؟
جبرئیل - نخیرقربان، موضوع دیگری است: فرمودند وقتش شده که تشریف بیاورید.
خمینی - کجا ؟
جبرئیل - به لقاءالله.
خمینی - چی ؟ لقاءالله؟ حالا؟ بیخودفرمودند. اینجا

هنوزخیلی کارهست ازبرای بنده . شما بروید من بعد میآیم.
جبرئیل - والله ، الماٴمورمعذور . فرمودند درخدمتتان برویم .
خمینی - اصلا" اینکه تا دنیا بوده کارعزرائیل بوده ، لاکن شما چه صیغه ای هستی ؟
جبرئیل - ملک الموت هم آمده ، اما امرفرمودند بنده همراهش بیایم که حضرت امام یکباره هول نفرمایند .
خمینی - لاکن کسالتی ندارم بنده که اسباب زحمت بشوم ازبرای ایشان .
جبرئیل - والله ، کامپیوترعرش نشان داد که شما را روبه قبله کرده اند .
خمینی - بازی دادند کامپیوترعرش را این ایادیامریکای جهانخوار . من توی دهن این کامپیوترمیزنم . کسالتی ندارم بنده . خودم بازی دادم اینها را . خودم گفتم روبه قبله کنند بنده را ،میخواستم سردربیاورم ازتوطئه های شیطانی اینها .
جبرئیل - دیگرمن به مقررات این مواردخاص بازی دادن واردنیستم . اینها با آقای ملک الموت است . . .آقای ملک ! بفرمائیدجلو ، خودتان رسیدگی بفرمائید .
ملک الموت جلو می آید ، خمینی وحشت زده چشم به هیکل عزرائیل میدوزد .
خمینی - (زیرلب) عجب قیافه شیطانی دارداین آقای ملک الموت ! (بلند) آقای ملک ، شما نسبتی ندارید با این سیداسدالله لاجوردی ما ؟
ملک الموت - نخیر .
خمینی - لاکن خیلی بهش شباهت دارید .

ملک الموت ـ (بیحوصله) راه بیفت ، آقا ،من هزارجور گرفتاری دارم .

جبرئیل ـ آرام آقای ملک ، عصبانی نشوید !

ملک الموت ـ آخر ، این آقا که روزی پنجاه دفعه در مناقب شهدشهادت وسعادت پیوستن به لقاء الله حرف میزنند ،حالا که وسائل تشرف به لقاء الله آماده شده ، چانه میزندواین دست اون دست میکند .

خمینی ـ شهادت سوای اینه که من از توی تختخواب بروم به نزد لقاء الله . مردن اینجوری که شهادت نمیشه ،ثواب نداره .شهادت ...

ملک الموت ـ (عصبی) اگرشهادت را خیلی دوست داری چرا دوهزارتا توپ و مسلسل و موشک و اینهمه پاسدار دور تا دورت گذاشتی ؟ وانگهی کاری ندارد ، اگر خیلی دوست داری شهیدبشوی من خودم خفه ات میکنم . (بالش بدست بطرف او میرود)

جبرئیل ـ خودشان تشریف میآورند ، خشونت لازم نیست ، جناب ملک .

خمینی ـ شما که حرف می فهمی، حالی کن به این آقا که هنوزحل نشده مسئله جانشینی من . چنانچه من نباشم این جمهوری اسلامی ازبین میره ، اسلام عزیز ازبین میره ...

جبرئیل ـ مجلس که هست ، آقای منتظری هم که هست دیگر شما چه نگرانی دارید ؟

خمینی ـ معلوم میشه نمی شناسی شما این جماعت آخوند را ، حضرت جبرئیل ... ازبرای اینکه دانسته باشید اینها چه شیاطینی هستند ، یک دقیقه گوش کن شما ! ...من توی اطاق هاشان میکروفن کارگذاشته ام ، البته از

برای تجسس که حرامه در اسلام ، بلکه از برای اطلاع از سلامتشان ... این دستگاه را بکش جلو ، حضرت جبرئیل ، تا نشانت بدهم چه حرفهائی میزنند اینها همین الان .

جبرئیل دستگاه گیرنده را با دهها دگمه ، که در کنار اطاق قرار دارد ، به تخت خمینی نزدیک میکند . خمینی دگمه‌ای را که روی آن نوشته شده : " اطاق خواب رفسنجانی " فشار میدهد . صدای گفتگوی رفسنجانی با شخص دیگری شنیده میشود .

خمینی - گوش بده شما ! این رفسنجانی رئیس مجلسه ، داره با رئیس جمهوری حرف میزنه .

*

رفسنجانی - ... نخیر ، آقا ، بنده جوانب امر را همه جور رعایت کرده‌ام .

خامنه‌ای - من در اینکه این منتظری خیلی خراست حرفی ندارم . ولی بهمین دلیل خطرناک است . ما داریم زیادی آیت الله العظمی وفقیه عالیقدر به نافش می‌بندیم . یواش یواش مردم هم باورشان میشود .

رفسنجانی - نه ، آقا ، مردم بی شعورند ، اما نه تا این حد . این همه متلک وجوک که برایش ساخته‌اند دلیل اینست که می فهمند یارو خراست . بیخودنیست که اسمش را گربه نره گذاشته‌اند .

خامنه‌ای - اینرا قبول دارم (با خنده) همشیره زاده از جوک هایی که بچه ها توی مدرسه راجع به آقای منتظری تعریف میکنند ، هرروزیکی تازه میآورد به خانه .همین دو سه روز پیش تعریف میکرد که به آقای منتظری خبر برده‌اند که یکی از هواپیما ها دیوار صوت را شکسته ، ایشان گفته‌اند : این ضرر به بیت المال است معادل خرج

تعمیررا ا زحقوق خلبا نش کسرکنید . دیروزهم آ مده بـــود میگفت آقا ی منتظری یک قمی را که گفته ا نشتن جهودبـوده فرستا ده زندا ن ا وین که چرا به " پنج تن " ا ها نت کرده...

رفسنجا نی - به همین دلیل منا سب ترین آدم برا ی ماست . چون ولیّ فقیه که بشودهمه کا رها دست خود ما ن می ا فتـــد، هرجوربخوا هیم میرقصا نیمش . ا ین ا صلا" نمیدا ند ا مریکا کجا ست وچقدرجمعیت دا رد .

خا منه ا ی - آ نکه بله ، آ مریکا که جا ی خود ، حدودوجمعیت نجف آ با دخودشا ن را هم نمیدا نند .ولی آ دم خررا هما نطورکه ما میتوا نیم سوا رش بشویم ، یکی دیگرهم میتوا ندسـوا رش بشودوبزندروی دست ما . ا گرفردا ولیّ فقیه شدوچها رتـــا ا ز ا ین لیبرا ل ها زیرپا یش نشستند مجلس شما را منحل کــــرد بنده را هم مثل بنی صدرما درمرده به جرم بی کفا یتــــــی معزول کرددستما ن به کدا م عرب وعجمی بندا ست ؟

رفسنجا نی - ا ین خطربا آ قا ی خمینی که بیشترا ست .

خا منه ا ی - بنده ا زجا نب آ قا ی خمینی همنگرا نم . ا لبتـه پیرمردزیربا رلیبرا ل نمیرودولی آ خوندهم خطــرش ا ز لیبرا ل برا ی ما کمترنیست ... بنده فکرمیکنم کــــه ... یعنی ا گرکه ... شما که درشرفیا بی ها جیب ها تــــــا ن را نمیگردند... شما که موقع شرفیا بی با زرسی بــــدنـــــی نمیشوید... میخوا هم عرض کنم که ... شا ید...

رفسنجا نی - حرفتا ن را بزنید .میدا نیدکه من وشما یـــک روح دردوجسم هستیم . رودروا یسی نفرما ئید !

خا منه ا ی - میخوا هم عرض کنم که ... ا گریک حبی ...یک کپسولی ... یک قطره ا ی ... توی چا ئی ا ش ...

رفسنجا نی - فکرش را هم نفرما ئید .هما ن موقع شرفیا بـی و

خلوت دوبه‌دو ... هشت تا چشم ا ز تلویزیون مدا ربسته مواظب هرحرکت دست وپای ملاقات کننده است.

خامنه‌ای ـ اصلاً" چرا ما از اول به فکر ولایت فقیه خودشما نیفتادیم. این بی فکری وبی خیالی واقعاً" جای تاءسف است.

رفسنجانی ـ زیادهم ازبی خیالی نبود. گرفتاری من این موضوع ریش است. ولیّ فقیه یک من ریش لازم دارد.

خامنه‌ای ـ (باخنده) ولی فقیه بی ریش هم ایرادی ندارد. شما خیال میکنید از صدراسلام تاحالا درمیان فقها بی ریش وجودنداشته؟ ... بهرحال ما ازحالا باید...

(خمینی دگمه را دوباره فشار میدهد)

خمینی ـ حالاحضرت جبرئیل، ملاحظه فرمودید چه خطری تهدید میکنداسلام عزیزرا؟ چه توطئه‌های شیطانی ....

جبرئیل ـ البته اینها ازنظرباریتعالی پوشیده نیست ولی شما هم ...

خمینی ـ نه، صبرکنید، این یکی را هم بشنوید!

(دگمه‌ای راکه روی آن "اطاق خواب منتظری" نوشته شده فشار میدهد)

صدای یک زن که با عیال آقای منتظری صحبت میکند بلند میشود.

زن ـ ... اما شما را به روح ممدآقا از من نشنیده بگیرید.

عیال ـ خیالتان راحت باشد. اصلاً" من شما را ندیده‌ام، اما بموقعش یک بتول خانمی بسازم که هشت تا بتول خانم از بغلش دربیاید...

(صدای بازوبسته شدن در)

خمینی ـ هنوز به اطاق خوابش نرفته ، باید توی دفترش باشه . . .

دست میبرد که دگمه دیگر را فشار بدهد . ملک الموت دست او را می گیرد .

ملک الموت ـ (با علاقه) یکدقیقه صبر کنید ! خیلی با مزه است .وسط اینهمه گرفتاری یک خرده می خندیم . مثل اینکه زنش برای خانم شما خنجر بسته .

(ادامه صحبت)

عیال ـ . . . بعله ، مارکه پیر شدقور باغه سوارش میشود . حالادیگه دخترکچل حاج ثقفی نزول خور هم می نشیند پشت سر من لغز میخوانند . الان کاریش ندارم ، اما بگذار پای آن امام پیرسگ از میان دربرود ، من میدانم و بتول خانم !

زن ـ پس من رفتم ، قربون شما . خداحافظ .

عیال ـ خیر پیش . . . خیلی ممنون ، سلام برسانید .

(صدای باز و بسته شدن در)

صدای یک خدمتگار ـ خانم ، آقا فرمودند یک قلیان تمیز با آن تنباکوی تعارفی مرحوم دستغیب براشان چاق بفرمائید .

عیال ـ خودت بروچاق کن ، من حوصله ندارم .

خدمتگار ـ آقای آیت الله سفارش کردند که حتما خودشما چاق کنید .

عیال ـ آقای آیت الله به دادردی دیرشان خندیدند . چطور قلیانش را من چاق کنم اما . . .لا اله الی الله ،نمی گذارند دهن آدم وا نشود !

خدمتگار ـ خدا مرگم بده ، خانم . حالا چی جوابشان را بدهم ؟

عیــال ـ (با تشدد) همین کهگفتم . برو ، حرف زیا دی هــم نزن !

(صدای با زوبسته شدن در)

خمینی ـ حضرت آقای ملک ، ا ین خلاف اسلام ا ست ، ا یــن خلاف میشود بهفرمان هشت ما دهای بنده که تجسس کنیــم در ا طا قهای ...

ملک المـوت ـ (شنگول) خوا هش میکنم حالا طا ق آقـــای منتظری را بگیریدببنیم چه میگوید . چها رسال تجسـس کردیدا ین یک دقیقههم رویش !

خمینی دگمهای راکه روی آن " دفتر کا رمنتظری" نوشتــه شده فشا رمیدهد .

منتظری ـ ...اُمیدونم ، شوماً هم بلدین چا ق کونین*، ا ما من گفتم خا نوم چا ق کونن .

خدمتگا رـ خا نم خیلی خسته ا ند ، حوصله ندا رند .

منتظری ـ از قولی من بهش بوگو !

خدمتگا ر ـ بهشون عرض کردم .

منتظری ـ خوب ، چی چی گفت ؟

خدمتگا رـ و الله گفتند ...یعنی ... گفتندکه ...

منتظری ـ نه ، میخوا م بدونم چی چی گفت !

خدمتگا رـ یک چیزها ئی گفتند ، ا ما ...

منتظری ـ موگوئم موبموچی چی گفت ، یا ا لله حرف بزن !

خدمتگا ر ـ گفتند ... فرمودند ...یعنی ...خلاصه گفتند آقا میخندند .

منتظری ـ چی ؟ ... چیطور؟ اُمن میخندم؟ هـــههــه

(می خندد) اُبهچی چی میخندم؟(بیشترمی خندد)

خدمتکار - (به خنده می افتد) والله چه عرض کنم .
منتظری - (قه قه میخندد) این ننه ممدی هم با مزس ها ! . . . موگوئد من میخندم ؟ (غش وریسه میرود) به خدا بیا مرز مادرش رفتس . . . اونم خیلی با مزه بود (کم کم خنده از لبش می رود - درفکر) ببینم ! نگفت آقا به چی چیزی لقش می خندد ؟
خدمتکار - نخیر . . . یعنی خلاصه صحبت دا دا رو دو روا اینجور چیزها بود .
منتظری - (صدای گرفته) آها ن ! فهمیدم ! گفتس آقا به دا دا ردی دیرش می خندد . حالا من میدونم وا ین ضعیفه ! الان حسابی ازاین ننه ممدی برسم که خودش حظ کوند !
(صدای بازو بسته شدن در)
*
خمینی - حالا چنانچه موافقت با شند آقای ملک ، دگمه موسوی اردبیلی را . . .
ملک الموت درحالیکه قه قه می خندد مداخله میکند .
ملک الموت - نه ، بگذارید ببینم آقای منتظری چه جوری حساب ننه ممدی را میرسد . من خیلی وقت است که نخندیده ام . بزنید روی دگمه اطاق خانم منتظری ! خواهش میکنم !
(خمینی دگمه مربوطه را فشار میدهد)
منتظری - . . . شوما نیمی تونی جلوی نوکر وکلفت ، افساری این زبونی صاحاب مردتو بگیری ؟ فکر نیمی کونی من جلوی مردم آبرو دارم ؟ فکر نیمی کونی من نا سلامتی فقیهی عالیقدرم ؟
عیال - خوبه ، خوبه ، فقیه عالیقدرت را بگذار در کوزه آبش را بخور !

منتظری ـ زن ، خجالت بکش وضعیتی ما حالا با سابق و آن وضعیت نجف آباد خیلی فرق کردس . ما امروز . . .

عیال ـ یادش بخیر ، همان نجف آباد چه عیبی داشت نجف آباد؟ یک روضه‌ای میخواندی ، یک پولی میگرفتی ، خمس وزکوة وفطریه وا ینجور چیزها هم داشتی ، هفته‌ای هفت شب هم مردم آش نذری وپلو نذری میآوردند درخانه . من ده روز یکدفعه رنگ آشپزخانه را نمیدیدم . اما حالا از صبح تا شب باید کنج آشپزخانه برای این پاسدارها ی گردن کلفت وامت کور وکچل غذا درست کنم وچائی بدهم و شربت بدهم . . .

منتظری ـ پس میخواستی آشپزخانه نباشی مثل زمانی طاغوت ادا ره بری ووکیل مجلس بشی وسلمونی بری وبی عفتی بوکونی؟ آشپزخونه رفتن وظیفه زنی مسلمونس ، وظیفهٔ زنی فقیهی عالیقدرس .

عیال ـ قبول ، وظیفه زن فقیه وآخوند خدمت کردن شوهرش است . اما میخواهم ببینم مگر آقای خمینی فقیه وآخوند نیست ؟ میخواهم ببینم من از آن بتول کچل دختر حاج ثقفی نزول خوارچی کم دارم که دست به سیاه وسفید نمیزند ، توکاخ جماران لم داده خانم‌ها میآیند تومجلس دستش را ماچ میکنند ؟

منتظری ـ آخه خانوم ، مگه شوما هفت ماهه بدنیا اومدی ؟ یک ریزه صبر داشته باش . این آقای خمینی پاش دم گورس. بعدا زاون نوبتی منس که ولیّ فقیه بشم . آنوقت دست شوما که سهلس ، مردم پای شما رم ماچ میکونن .

عیال ـ اصلا" میخوام ببینم تو از اول ، حالا جای خمینی هیچی ، چرا نرفتی جای آن دست چلاقه رئیس جمهور بشوی

که‌حا لابنشینی روز شما ری کنی که‌کی خمینی میمیرد ؟

منتظری ـ آخه ، آدمی حسابی ، فقیهی عالیقدرکه‌با لاتراز رئیس جمهورس . رئیس جمهوربی اجازه‌ٔ ولیّ فقیه غلطی نیمی توندبوکوند .

عیال ـ آره‌توهم‌دلت را به‌همین خوش‌کن ! آن کوسه ماهی که‌ممدطفل معصوم مرا زیرآوارگذاشت ، میگذاردتوجاشین خمینی بشوی !

منتظری ـ کوسه ماهی سگ کی باشدکه‌نگذارد! نیمی‌بینی مردم چه‌عشق واشتیاقی به‌من دارند؟ چه شوروهیجانی نسبت به‌من نشون میدند؟

عیال ـ آره ! واسه‌همین اسمت راگذاشتندگربه‌نره !تازه بیاینداز من بپرسندکه‌گربه‌نره‌چقدرنره !

منتظری ـ خانم ، خجالت دارد . این حرفها ازشوما قبیحس .

عیال ـ چطور، نفهمیدم! چطوربرای شما قبیح نیست که جای اینکه به‌حکم خداوشرع توی اطاق عیالتان بخوابید، توی اطاق پاسدارها میخوابید؟

منتظری ـ اون ازنظرحفظی امنیتس! خواست‌سازمانی امنیت ۳۵ میلیونیس که بایددوتاپاسدارتوی اطاقی ما بخوابند .

عیال ـ وقتی دویست سیصدتاپاسدارتوی هرسوراخ سمبه خانه ، توی راهرووراه‌پله‌وپشت بام هستنددیگرپاسدارتو اطاق چرا بایدبخوابد؟

منتظری ـ اینم دستورس که‌بایددوتاپاسدارهم‌دوطرف رختخواب بخوابند .

عیال ـ ببینم ، اگردستوراست که‌دوطرفتان دوتاپاسدار بخوابند ، چطوریکیش راروانه‌کردی ؟

منتظری ـ ا وقتی اینهمه جنودی اسلام دا رندبا قشونی کفرجنگ میکونن، گنا هس که من دوبرا دری پا سدا رجان برکف را توا طا قی خودم بخوا بونم .وا سه این ، یکی از برا درها را ردکردم .
عیا ل ـ چطورشدبرا درچرا غعلی را ردکردید ، برا درهوشنگ را نگه دا شتید ؟
منتظری ـ آخه اون برا درچرا غعلی چلچما ق وگردن کلفت بودبدردی جنگ با صدا می کا فرمیخورد .
عیا ل ـ میخوا هم بدا نم برا درهوشنگ که پیش ا زا نقلاب سلما نی زنا نه بوده تنها ئی چه جوری ا زشما محا فظت میکند ؟
منتظری ـ نه ، ظریف ولطیفس ، ا ما تیرا ندا زی وهدف گیریش خیلی خوبس .
عیا ل ـ مبا رک هدفش با شد ، ا ما من . . .
(خمینی دگمه را فشا رمیدهد)
خمینی ـ اینها دیگه قبیحه . حا لاچنا نچه میل داشته با شید برویم به سرا غ آقای موسوی اردبیلی . . .
ملک ا لموت که ا زفرط خنده ا شک به چشمها یش آ مده همچنان میخندد .
ملک ا لموت ـ ا ما . . . وا قعا " . . . هزا رو . . .هزا روچهارصد سا ل بودا ینقدر . . . ا ینقدرنخندیده بودم .
خمینی ـ ما رعا یت میکنیم ا زبرای شما ، لاکن خوا هش دا رم یوا ش ترخنده کنید . آ خرما اینجا قدغن کرده ا یم خنده را .
جبرئیل ـ نا را حت نبا شید ، حضرت ا ما م. صدای ما را

زمینی ها نمی شنوند. اما خودمانیم واقعا "دست مریزاد. وقتی ملک الموت خنده‌اش بگیرد ببینید چه مملکت معموری ساخته‌اید.

خمینی - حالا چنانچه به‌خواست خداوند تبارک و تعالی مهلتی باشد از برای بنده کاری میکنم که خنده از لب آقای ملک نیفته. عراق را هم معمورش میکنم، سوریه را هم معمورش میکنم، فرانسه را هم معمورش میکنم، میترا ن را هم معمورش میکنم، ریگان را هم معمورش میکنم...

جبرئیل - دیگر تمام اعضای سازمان ملل را لطفا" نشمارید، چون وقت نداریم. میفرمائید برویم؟

خمینی - چنانچه شما مهلت باشید به بنده برای چند ماه دیگر که بنده سروصورتی بدهم به‌کارها از برای جانشینی...

جبرئیل - شما که مجلس خبرگان درست کرده‌اید دیگر چند ماه مهلت برای چه میخواهید؟

خمینی - من بازی دادم اینها را... من حقیقت را عرض کنم به‌حضورشما آقایان ملائک مقرب... این امت آقای منتظری نمیخواد، آقای رفسنجانی نمیخواد، خمینی میخواد. این خواست امته... گوش کنید شما به‌ندای این امت همیشه درصحنه!

دگمه‌ای را که روی آن "مسجدامام خمینی" نوشته شده فشار میدهد. صدای جمعی شنیده میشود:

خدایا، خدایا... تا انقلاب مهدی...خمینی را نگهدار

جبرئیل - ای آقای امام! انقلاب مهدی که چندماه دیگر نیست. اگربخواهید تا انقلاب مهدی زنده بمانید...

خمینی - نه، اما حاج احمدما که زنده میمانه، پسرش و نوه‌اش که زنده میمانند. خواست ملت اینه که تا انقلاب

مهدی یک خمینی با لاسرذا ن با شه .

جبرئیل - پس شما میخوا هیدحا ج ا حمدآ قا را جا نشین خودتا ن کنید ؟

خمینی - چه عیبی دا ره ا حمدآ قا ی ما ؟ نه به یک دندگی منه ، نه به حرا مزا دگی رفسنجا نیه ، نه به خریت منتظریه . . .

جبرئیل - چرا ا زحا لاتعیینش نمیکنیدکه چندما ه دیگر . . . ؟

خمینی - آ خه حا لاهیکلش جورنیست . ولیّ فقیه یک هیکل درشت وریش سفیدلازم دا ره . . . ریشش دا ره کم کم وتک وتوک سفیدمیشه ، ا ما گنده شدن وقت لازم دا ره .ا زحا لاا حمد را بسته ا یم به شیرینی وچربی که شکمش یک کمی گنده تر بشه . . . یعنی یک جوری با شه که ولایت ا زسلاله ذرّیه ٔ ما بیرون نره .

جبرئیل - ا گرتصا دفا " حضرت مهدی پیش ا زرحلت شما ظهورکردندچه میکنید ؟

خمینی - چنا نچه ظهوربفرما یندحضرت بقیة ا لله ،ا شکا ل نمیکنم بنده درکا را یشا ن ، برمیگردم به قم بنده ، جما را ن را میگذا رم ا زبرا ی ا یشا ن که خیا لشا ن را حت با شه بلحا ظ ا منیت ، لکن برا ی حفظ ا سلام عزیزنظا رت میکنم برا عما ل ا یشا ن، نمیگذا رم با زی بدهندا یشا ن را ا ین عما ل شرق وغرب .

ملک ا لموت - وا لله من ا زا ین آ قا ی خمینی خوشم آ مد ، بخصوص که دروا قع نا یب بنده هم روی زمین هست .درعا لم همکا ری حا ضرم رعا یت حا لش را بکنم .ا گرشما آ ن با لا صدا یش را درنیا وریدمن میتوا نم چندما ه مهلت بدهم .

جبرئیل - من حرفی نمیزنم ، ا ما خودتا ن به با لاچی

گزارش میدهید؟

ملک الموت ــ همین الان سرراه یک سری میزنیم به خمین ، یک روضه خوان یا یک قبرکن عما مه ای را از اهل محل توی این تکیه ها و مسجدها و قبرستان ها پیدا میکنیم ، ترتیب کارش را میدهیم ، میبریم با لامیگوئیم این خمینی است .

جبرئیل ــ یک وقت بالا اشکال نکنند؟

ملک الموت ــ ای آقا ! روزمره مردم آنقدر آخوند میکشند و آنقدر روضه خوان و قبرکن و زیارتنامه خوان وارد عرش میشوند که کسی خمینی و گلپایگانی و شیرازی را از هم تشخیص نمیدهد .

خمینی ــ من تشکر میکنم از حضرت آقای ملک الموت ، من تشکر میکنم از حضرت آقای جبرئیل ، من دعا میکنم از برای سلامت شما ، از برای توفیق شما ، از برای پیروزی اسلام عزیز ، به خدا می سپارم هردوی شما را !

جبرئیل ــ خواهش میکنم دیگر منت ابواب جمع ما نکنید ، ما از دعا بی نیازیم .

خمینی ــ من دعا میکنم از برای سلامت همهٔ ملائک ...

جبرئیل ــ بفرما ئید بر ویم ، آقای ملک ! اگر زیاد طولش بدهیم از برای سلامت حضرت با ریتعالی هم دعا میکند . لطف عالی زیاد ، حضرت امام !

ملک الموت ــ بله بفرما ئید بر ویم خمین . میگویند نوشابه های خانگی خوبی هم دارد ، یک گلوئی تازه میکنیم ... وعدهٔ ما چند ماه دیگر ، حضرت امام ... چاو !

جبرئیل و عزرائیل از اطاق خارج میشوند .

خمینی ــ (تنها) من توی دهن اینها میزنم . (فریاد)

آهای! پاسدارها! بگیرید این شیاطین را! بگیرید این ایادی امریکای جهانخوار را! صداکنید خلخالی را! صداکنید گیلانی را! صداکنید ری شهری را! صداکنید موسوی تبریزی را! ...

درحالیکه ازخارج اطاق صدای شلیک مسلسل وتوپ ضد هوائی وموشک سام شنیده می شود، صورت خمینی، به تمام عرض وارتفاع پرده درشت می شود وروی ریش او کلمه پایان نقش می بندد.

(۲۹ بهمن ۱۳۶۱)

تعصّب درشتناک

" راه توده " نشریه‌حزب‌توده درخارج ازکشور، شماره ۵ فروردین ۶۲، را با آنچنان اشتیاقی خریدم که‌انگار گلستان سعدی می‌خرم.

مدتی بودنه‌تنها مشتاق ،که‌درتب وتاب بودم ببینم‌حزب پشتیبان خلق های رزمنده‌وفریادرس توده‌های رنجبر، که ازیک طرف به‌لودادن افسران جوان،به‌عنوان" آژان‌های بورژوازی کمپرادور" افتخار می کرد، وازطرف دیگر برای حبس وشکنجه‌واعدام‌های آنی آن‌ها هورا می کشید و دست افشانی وپای کوبی می کرد، بعداززندانی شدن رفیق دکترکیانوری وعده‌ای ازاعاظم‌حزب چه می گوید و چه‌می کند.

واقعهٔ مولمه‌اسارت دبیرکل درصفحه اول ، درقصیدهٔ غرائی تحت عنوان " درآزمون آتش " اثرطبع رفیق‌الشعرای حزب (که اسم خودرا ذکرنکرده) بیان شده‌است.

بنداول قصیده‌چنین است:

شبیخون
برسپاه بی دفاع دوست
هجوم

برپایتخت عشق
تهمت
به یاران روزبه
بهتان به دانش
و
عبورنا گزیرسیاوش های سرفراز
ازآتش .

قصیده ، تا اینجایش ، بنده‌را عجیب بیاد مرحوم "حاج رقمی" شاعرسالهای دهه ۴۰ می اندازد .
حاج رقمی شاعرمعروفی بود . تنها عیب اشعارش این بود که‌درآن ها غالبا " از " فعل " خبری نبودوخواننده‌باید معنی را به‌قرینه‌حدس میزد . برای نمونه عرض می کنم که یک وقتی " تقدیرنامه‌ٔ " منظومی به عنوان طبیب معالج خود ، درروزنامه‌اطلاعات درج کرده‌بود ، که‌چندبیتی از آن را بیاددارم :

تشکرخدا را مرض خودنصیب
معالج مرا شخص دکترادیب
چوعارض تب کلیه ، سدراه بول
ورم سمت چپ بیضه دردش عجیب
رجوعم بدین وضع برآن جناب
که‌بین طبیبان همی عندلیب
به یک نسخه هفت ، لیکن دوروز
معالج مرا علم آن شد طبیب
ورم هاش مفقودوضایع الم
به‌نصرمن الله فتحاً قریب

چوصادق رقم درپی یادگار
به تشویق آقای دکتر ادیب

همان طورکه خواننده باید از شعرمرحوم حاج رقمی حدس میزدکه به بیماری کلیه دچار شده ونسخه دکتر ادیب که قرار بوده هفت روزه معالجه اش کنددوروزه کرده ، حالا درشعر " رفیق الشعرای " حزب پیشروهم ، باید به قرینه حدس زدکه ملایان برسپاه بی دفاع دوستان توده ای که در پایتخت عشق مستقربوده ، هجوم برده وفرماندهان سپاه را به اتهام جاسوسی دستگیرکرده اندوحالا رفقای دربندباید برای اثبات بی گناهی خویش ، مثل سیاوش از آزمون عبوراز آتش سرفراز بیرون بیآیند .
یکی دیگرازبندهای قصیده ، (قصیده بندبندی هم بالاخره وجوددارد) عرض می کردم یکی دیگرازبندهای قصیده ، مستقیما " خطاب به آقای نورالدین کیانوری است که لقب " پدرکیا " گرفته است :

پدرم ! کیا
آفتاب از گریبان توبرمی آید
واز درون حزبت
که شاید !
این بس که تو دهان بگشائی
وزمستان هزیمت کند
نه
جرئت نمی کنندکلامت را
که آتش
زغال راخاکسترمی کند

بشنو رفیق !
سخن نمی گوئی وشهر ما
گنگ ما درزا داست
گیرم که رفیقان را به شکیبائی تلخ
فرمان دهم
بیراهگی آن درشتناک را
چه‌چاره کنم !؟

این موضوع "پدر" هم، روی چشم همچشمی، تازگی ها باب شده است. رفقای حزب پیشرودیده اند که هرکسی یک پدری انتخاب کرده است: آقای رجوی" پدرطالقانی" را داشته و آقای بنی صدر" پدرخمینی" را... خوب، در این صورت چرا ما "پدر" نداشته باشیم؟ یعنی "پدرکیا" از "پدرطالقانی" و "پدرخمینی" کمتراست یا چیزی کم وکسردارد؟

بهرحال همان طورکه عرض کردم این "پدرداری" ظرف این چهارپنج سال اخیرباب شده است زیرا ما هیچوقت "پدرهیتلر" و "پدراستالین" و "پدرموسولینی" نشنیده بودیم. باری، بگذریم. سر"پدردار" و "بی پدر" جروبحث نکنیم.

صحبت این بندا خیربود. آنچه بنده، با فهم ناقصم، از این بند می فهمم اینست که شاعرخطاب به "پدرکیا" فرماید:

با این که کافی است تو دهن با زکنی وزیرپای همه را جاروکنی، آن ها جرئت نمی کنند ترا بگذارند حرف بزنی، برای این که کلامت آتش است وسبیل همه را دودمی دهد.

ولی مصلحت اینست که حرف نزنی . البته من می توانم به رفیقان فرمان شکیبائی بدهم ولی بیراهگی آن " درشتناک " راچه چاره کنم ؟

یکی دونفرازدوستان کوتاه بین وکم‌خرد ، درمقام کشف هویت " درشتناک " ـ که چاره ای دربرابر بیراهگی او نیست ـ سبکسرانه گفتند بنیانگذار جمهوری اسلامی حضرت امام خمینی کبیرمنظوراست . که بقیه دوستان به سخافت رای ایشان خندیدند . به دلیل این که شاعر دربندآخرقصیده می فرماید :

به امید دیدار رفقا !
مشعل های گشوده بال در باد حادثه
می بینم عبورآتش راازجان نجیب شما
که سرفرازی می رسد
ومی سوزم درآتش شما
و
بدین سان
شمع پنجمین سالگرد جمهوری
روشن می شود .

که کاملا" واضح است پدرکیا ، تازه بعدازآزمون عبوراز آتش ، که سیاوش وار سرفرازبیرون می آید ، همچنان ملزم است که به روشن کردن شمع جمهوری اسلامی ادامه دهد . به این ترتیب می توان اظهارکردکه به ظن غالب منظورشاعراز " درشتناک " ، که درمقابل بیراهگی او چاره ای نیست ، کسی جزرفیق " یوری آندروپوف " نمی توانست بود ، که با همه خفت ومذلتی که آخوندها

برسر" پدرکیا " بیاورند ، همچنان رفقا را به روشن نگه داشتن شمع جمهوری اسلامی فرمان می دهد . اما ، بنده در این میان دلم به حال سیاوش بخت برگشته بسیار می سوزد . عقیده دارم که از تمام قهرمانان افسانه ای و تاریخی ما از همه بیچاره تر سیاوش است . ایرج با همه زجری که از زخم خنجر زهرآلود برادرش تور ، کشید و اسفندیار با همه درد تیر چوب گزین رستم که به جانش نشست و سهراب نوجوان با تمام شکنجه جسمی وروحی که از کشته شدن بدست پدر تحمل کرد ، هیچکدام به سیاه بختی وسیاه روزی سیاوش نبوده اند . آن ها مردند و خلاص شدند . اما سیاوش بینوا بعد از قرن ها ، هر روز باید در گور تنش بلرزد . یک روز آقای سید ابوالحسن بنی صدر سیاوش می شود ، یک روز آقای کیانوری ... ـ که البته بیگناهی هردو ، همپایه ٔ بیگناهی سیاوش است و معصومانه دست رد به سینه سودابه زده اند ـ به این ترتیب می ترسم به زودی آقای شیخ اکبر رفسنجانی و آقای شیخ صادق خلخالی هم کم کم به هوس سیاوش شدن بیفتند .

حرف توی حرف آمد . می خواستم نگاهی هم به داخل صفحات روزنامه " راه توده " بعد از زندانی شدن "پدرکیا " ، ودرکوزه افتادن خیاط ، بیندازم و اقعا " وقت وقت است . صفحه دوم با مقاله ای درباره سخنان اخیر امام شروع می شود . آن چنان مقاله ای که اگر اتفاقا " مجنون می خواست راجع به لیلی چیزی بنویسد از این عاشقانه تر وسوزناک ترنمی نوشت . به یکی دو جمله آن توجه فرمائید :

" امام خمینی ، رهبر انقلاب وبنیانگذار جمهوری اسلامی

ایران دردیدار با اعضای دولت ، مجلس ، شورای نگهبان ومسئولان سپاه وبسیج ودیگرارگان های انقلابی ودولتی ، درروزاول سال نوبیانات مبسوطی پیرامون مسائل مهم انقلاب ایرادکردند... این نطق ، پس ازعقب نشینی های اخیریک باردیگرجهت واقعی محتوای خط مردمی امام را بیان می کند..."

یادحکایتی ازمولانا عبیدزاکانی افتادم که فرمود :
شیرازی درمسجدبنگ می پخت ، خادم مسجدسررسیدوبااوبه جنگ وجدال پرداخت که خجالت نمیکشی درخانه خدا بنگ میپزی ؟
شیرازی اورانگاه کردشل بودوکل بودوکوربود. نعره‌ای زدوگفت : ای مردک ، خدادرحق توچه لطفی کرده است که تودرحق خانه اش چندین تعصب می کنی ؟
روانش شاد وجایش خالی که ازدلسوختگان وگریبانچاکان خلق های رنجبربپرسد : امام خمینی درحق شما چه لطفی کرده است که حالادرافروختن شمع پنجمین سالگردجمهوری اسلامیش چندین تعصب می کنید؟

کسی چه می داند؟
شایدجواب بدهند : ما تعصب نمی کنیم ، " رفیق درشتناک" تعصب می کند!

(۲۶ فروردین ۶۲)

سالگرد شهادت

شهید مظلوم اصغر قاتل

روزنامه "جمهوری اسلامی" از چندی قبل همه روزه اطلاعیه ای به این مضمون در صفحه اول درج میکند:

" دعوت روزنامه جمهوری اسلامی از ملت برای مقاله نویسی درباره فاجعه هفتم تیر: امام گفتند شهدا را قلم ها میسازند و قلم ها هستند که شهید پرورند و امام راست گفتند. اگر قلمی نباشد که شهیدانی چون بهشتی مظلوم و هفتاد و دو یارش را به تاریخ بشناساند، خون آنان چگونه بجوشد، چگونه حماسه بیافریند و ایران را بهشتی پر از بهشتی کند؟ با ید قلمی بلکه قلم هائی بکار افتند. ای ملت! حق شهید مظلوم خود را ادا کنید. هرکس قلمی که دارد، کند یا تیز، به یاری بیاید. هرکس هرچه میداند و میتواند درباره بهشتی و یاران او بنویسد و برای ما بفرستد، هرکس از روزنهٔ دیوار گوشه ای از رخسار خورشید را دیده است مبادا که کتمان شهادت کند. در انتظار نوشتارهای شما هستیم".

***

این صلای مهیج و تکان دهنده روزنامه ارگان حزب جمهوری اسلامی و فرمایش پیامبرگونه امام مت که قلم ها هستند که

شهیدپرورند، موجب شده است که حوزهٔ علمیه قم، با یاری نویسندگان وشاعران متعهدوامت حقگزار حزب الله، امسال پارا از حدود شهادت باسعادت شهید مظلوم بهشتی و هفتادو دو یاران اوفراترنهاده وبه تجلیل ازمقام والای شهید مظلوم دیگری که از یاران قدیمی طاب ثراه بهشتی مظلوم بوده، یعنی اصغرقاتل بروجردی اقدام نماید.

سالگردشهادت شهید مظلوم علی اصغرقاتل بروجردی مصادف با روزششم تیرماه یعنی یک روزقبل ازسالگرد شهادت بهشتی وهفتادودوتن یاران اوست. وحوزهٔ علمیه قم با این آغازتجلیل، امیدوار است که انشاءالله و بعون الله تعالی ازسال آینده مراسم بزرگداشت این شهید مظلوم همزمان با مراسم مربوط به بهشتی ویاران یکجا برگزارشودوعنوان بهشتی وهفتادودوتن یاران، به "بهشتی وهفتادوسه تن یاران" مبدل شود.

لازم به یادآوری نیست که شهیدعلی اصغرقاتل بروجردی که دراواخرسلطنت رضاشاه، درسپیده دم یک ۶ تیرماه در میدان توپخانه به دارآویخته شد، یک بامیه فروش دوره گردبودکه ظرف مدت یکسال بیست وسه پسربچه ۱۲ تا ۱۷ ساله را، به شوق وذوق زلوبیا وبامیه به بیغوله ها برده، وپس ازتجاوزبه آنها سرهاشان را بریده بود. محاکمه اوپرسروصداترین محاکمه دوران حکومت رضاشاه بود. روزاعدام اومردم تهران باکمال کوتاه نظری به عنوان پایان سیاهکاری یک قاتل سنگدل شادی کردند. ولی تحقیقات محققین جمهوری اسلامی درسالهای اخیر واقعیت را روشن ساخت وهمگان دانستندکه مرحوم

علی اصغربروجردی اولین مبارزدرسنگرستیزبااستعمار و استبداد ،اولین فریادگرعلیه‌گروههای التقاطی ودرواقع اولین پایه‌گذاربنای رفیع جمهوری اسلامی بوده‌است .
این بنده درجهت امتثال فرمان خداگونه امام امت، در موردادای حق شهیدان مظلوم، ابتدا عین سرمقاله‌شماره‌ٔ اخیرنشریه‌ٔ " مقلّب القلوب "، ارگان حوزه‌ٔ علیمه‌قم، را که با عنوان " درراستای شهادت " درمقام تجلیل از خدمات مرحوم علی اصغرقاتل بروجردی به‌اهداف عالیه جمهوری اسلامی ، نوشته شده‌است ، وسپس چندبیتی از مرثیه‌ها ومدیحه‌هائی که به‌همین مناسبت درشماره‌ٔ مذکور درج گردیده ، نقل میکنم ودرپایان، متن مصاحبه‌ٔ تلفنی راکه‌شخصا " به‌عنوان گزارشگریک روزنامه متعهد ، با حجت الاسلام والمسلمین رفسنجانی رئیس مجلس شورای اسلامی درباره‌مقام وشخصیت شهیدمظلوم علی اصغرقاتل بروجردی ، بعمل آورده‌ام ، عینا " وبدون جرح‌وتعدیل بنظرتان میرسانم .

***

سرمقاله‌ٔ "مقلب القلوب "
ارگان حوزه‌ٔ علمیه‌قم

شهیدبه‌وجه‌الله
نظردارد
امام‌خمینی

قامتی رساوسرشارازعشق وایثاروراسطوره‌ای ازمجاهدت فی سبیل الله‌که زندگیش باسخت‌کوشی برای تحقق اهداف متعالی جمهوری اسلامی عجین شده بود، برفراز دار

مستکبرا ن ،شها دت را پذیرا شد . شمع پا یائی که درنیمه شبا ن تیره وتا رحجرا ت فیضیهٔ ما را منور میسا خت ، در سحرگا ه ششم تیرما ه به‌خا موشی گرا ئید .
شیپورچیا ن تبلیغا ت رضا خا نی ا ورا قا تل خوا ندند و بیدا دگا هها ی ستمشا هی به مرگ محکوم کردند .اما وا قعیت جزآ ن بود . شهیدمظلوم علی ا صغربروجردی مردی بودبه عظمت ا یما ن وا ستوا ری با ورکه‌درراه رسیدن به معشوق از خودبیخودبودوهستی خویش را بی دریغ درطبق ا خلاص میگذا شت . پا یمردی ا ودرمقا طع حسا س زما ن ودر برخوردها یش با خودمحورا ن نورسیده‌درسی بودکه به پویندگا ن را ستین را ه‌جمهوری ا سلامی آ ینده میدا د .
بزرگ ترین خدمت ا ین ا برمردنستوه رخنهٔ مدا وم ودشمن شکنی بودکه ، با روحیهٔ ا صیل ا سلامی ـ ا نقلابی، درزیر بنا ی رژیم ننگین رضا خا نی میکرد . آ نجا ، درتهرا ن سیا ه ، که‌کودکا ن به‌کوچه‌ها عزت می فروختندونوجوا نا ن به‌بیغوله‌ها غرور ا نفا ق میکردند ، ا وا یثا رگرا نه قدم پیش نها د ، نه قدم ، که‌هستی خویش پیش نها د ، تا وعدهٔ ا لهی را مبنی برپیروزی حق پویا ن برکفرستیزا ن وکافران محقق سا زد . ا وشجا عا نه پرچم پرا فتخا رنصرمن ا لله وفتحا " قریب را برفرا زقله‌ها ی رفیع ا ستکبا ربرمی نشا نند و نهرها ئی ا زشهدبرا دری را به‌چشمه‌ها ی خشک ا مت حزب‌الله روا نه میکرد . ا ودربطن مبا رزا ت ، برا سا س ا لها مها و ا مدا دها ی غیبی دریچه‌ها ی نوینی گشود ، دریچه‌ها ئی از روشنا ئی وا میدکه را هگشا ی روحا نیت مبا رزدررویا روئی با جبهه متحدضدا نقلاب جها نی به‌سرکردگی ا مریکا ی جها نخوا ر شد .

حرفی نیست که مرحلهٔ اول حرکت انقلابی ما برای پی ریزی بنای جمهوری مقدس اسلامی ، برویرانه های نظام پوسیدهٔ پهلوی، قیام ۱۵ خرداد ۱۳۴۲ بود، ولی همانگونه که درانقلاب کبیرفرانسه بسی پیش تر از ۱۴ ژوئیه ۱۷۸۹ ، ژان ژاک روسوها ومونتسکیوها اولین سنگچین های انقلاب را بالابردند، شهیدبروجردی نیز اولین ستون های جمهوری اسلامی را با جان پرتوان خود درمیهن اسلامی ما استوارکردوبه این گناه،درروزششم تیرماه، ملکوت وجبروت را به نظاره میهمانی شهادت خود فراخواند.

امام فرموده‌اندا گراینگونه شهادت های دلخراش واقع نمیشددلباختگان شرق وغرب درصحنه میماندند. آری امام راست فرموده‌اند. اوشهادت را پذیراشدتاشرق وغرب را ازصحنه جمهوری اسلامی براند وامروزپس ازحدودنیم‌قرن باد پیام اورابرامواج هوای متبرک میدان شهادتش به‌قیمت وزشی جانانه به‌فیضیه وعاشقان جمهوری اسلامی میرسانند. یادش گرامی باد.

***

دررثای علی اصغربروجردی
ازعباس شیبانی (پریشان)

درسوگ قهرمان

روزی که آن بزرگ ازاین خاکدان گذشت
بانگ خروش وغلغله ازآسمان گذشت
مرغ ازفرازشاخهٔ گل بال وپرگشود
بلبل سرودغم به‌لب ،ازبوستان گذشت

ازداستان عشق بسی داستان نوشت
عمرش به راستی همه با داستان گذشت
برق تبسمی به لب حورنقش بست
غلمان صفت چو جانب باغ جنان گذشت
درسوگ یارکلک "پریشان" نوشت وگفت
درماه تیر،تیربلا زکمان گذشت

***

دررثای علی اصغربروجردی
ازاحمدعزیزی (عزیر)
فسوسا فسوسا

دررثای تو ای مرد برتر
وای اگرخامه رانشکند سر
ای فسوسا ، فسوسا ، فسوسا
برمن وجمله یاران دیگر
ای دریغا ، دریغا ، دریغا
بر تونی ، بل به خصم فسونگر
وای برحال دستی که بشکست
ازسرجهل آن سخته گوهر
اُف که دیگر نبینند یاران
دربر آن چهرهٔ مهرپرور
خون بهای ترا بازگیرند
ازسیه اختران ستمگر
از " عزیز " این سخن بازماند
تا فلک راست گردش مقدر

***

دررثای اصغر
از حمید سبزواری

یاران بیک نشان رفتند

پرندگان مهاجر سبک عنان رفتند
به بال عشق از این تیره خاکدان رفتند
شبی به زاویه بانگ رحیل دردادند
سحر زدایره هفت آسمان رفتند
نماز شام زخون جبین وضو کردند
به سجده ای دو فراتر زملک جان رفتند
پیام هاتف قدسی چه خاطرانگیز است
که عاشقانه شنیدند و پرفشان رفتند
مگر نسیم بهشت آمد از کرانه عشق
که طایران بهشتی ز آشیان رفتند
خبر رسید که " اصغر" برفتگان پیوست
چه محشراست که یاران بیک نشان رفتند

در مدح علی اصغر بروجردی
درزمان حیات شهید مظلوم
اثر طبع فخرالدین حجازی

تخم محبت

به آوندرگم خون محبت میدواند او
نشای گل به باغستان عشقم می نشاند او
زلال چشمهٔ نورست و میتا بدبرآغوشم
به باغ هستیم تخم محبت می نشاند او
ززخم تیغ دلدارم "حجازی" چون ننالم چون
مراجان میدهد از عشق و هم جان می ستاند او

مصاحبه با آقای رفسنجانی

- الو، حضرت حجت الاسلام والمسلمین هاشمی رفسنجانی؟
- بله، خودم هستم.

سئوال - حضرت حجت الاسلام، روز ششم تیرماه سالگرد شهادت مرحوم علی اصغر بروجردی است. میخواستیم چند کلمه‌ای با جنابعالی درباره‌ٔ شخصیت او وخاطره‌ای که از برخوردهایتان با او داشته‌اید صحبت کنیم.

جواب - بفرمائید، خواهش میکنم.

سئوال - سئوال اول اینکه چطور مرحوم علی اصغر قاتل بروجردی که قتل های مکرری مرتکب شده بود امروز در جمهوری اسلامی عنوان شهید مظلوم گرفته است؟

جواب - بسم الله الرحمن الرحیم. همانطورکه میدانید شیپورچی های دستگاه تبلیغات ستمشاهی رضاخانی خیلی آسان به مبارزان عنوان قاتل می دادند. همانطورکه تبلیغاتچی های محمدرضا، به شهدای راه عظمت اسلام مرحومین شهیدین نواب صفوی وخلیل طهماسبی لقب قاتل وتروریست دادند. وقتی علی اصغر بروجردی، یک بامیه فروش مستضعف مبارزرا با آن فضاحت به دار میکشند، شما چه لقبی وچه اسمی میتوانید روی او بگذارید جز شهید مظلوم؟

سئوال - مرحوم علی اصغر بروجردی خیلی روشن وصریح دردادگاه اقرار کرد که بیست وسه پسربچهٔ چهارده پانزده ساله را سربریده است. شما اسم این را میگذارید مبارزه؟

جواب - میخواهم بدانم درحال حاضر که مبارزان آزادی ایرلندشمالی هرروزچندسرباز انگلیسی را میکشند، شما اسم این ها را مبارزه نمی گذارید؟ یا اسم این

وطن پرستان را قاتل میگذارید؟
سئوال - ولی حضرت حجت الاسلام ، مبارزان ایرلندی قبل از کشتن سربازان انگلیسی با آنها به عنف لواط نمی کنند.
جواب - هرملتی وهرقومی یک نحوه مبارزه دارد. این نحوهٔ مبارزه ایست که به تاءیید امام روحی فداه هم رسیده است. ما درقم هم گاهی به همین نحو عمل میکردیم. بهرحال مبارزه مبارزه است ودرمبارزه که نقل ونبات قسمت نمیکنند.
سئوال - اتفاقا" مرحوم علی اصغربروجردی نقل ونبات هم قسمت میکرد. یعنی پسربچه ها را به شوق وطمع با میه خوردن به جای خلوتی می بردودوسه تا با میه دهنشان میگذاشت، بعدبه آنها تجاوزمیکردوبعدسرشان رامیبرید. خلاصه با میه میداد ومیکشت.
جواب - با میه دادن وکشتن اختراع روزنامه نویس های مزدورآن دوره است. تاآنجاکه من میدانم شهیدبروجردی مردبسیاربسیاررئوف ومهربانی بودندوعلاقه داشتندکام پسربچه ها راشیرین کنندفقط مثل همه مردان مبارزفردی بودندکه درراه رسیدن به اهدافشان مقاومت پذیرنبودند وطبیعی است آنهائی راکه درمقابل اهداف مبارزاتشان سرخم نمیکردندازسرراه برمیداشتند. مسلما" آن پسر بچه هائی که به دست ایشان کشته شدنددربرابرایشان درشتی وسرسختی ومقاومت مستکبرانه کرده اند. ایشان نسبت به افرادی که سرجنگ وناسازگاری نداشتند، بسیار محبت هم میکردند. شما چرا صدها وصدها کامی که ازبامیه های آن شهیدمظلوم شیرین شده گذاشته ایدوبه این بیست وچند

پسربچه‌ا حمق مستکبرچسبیده‌ا ید .بنده‌خودم دربرخوردی که با ا یشا ن .دا شتم مقدا رزیا دی ا زبا میه‌ها شا ن را خوردم و باکما ل محبت با زهم تعا رف میکردند . حتی آقـــــــا ی خا منه‌ا ی رئیس جمهورمحبوبما ن حکا یت میکنندکه‌دردوران طلبگی، یک روزکه‌با مرحوم بروجردی ، یا به‌قول شمـــــا علی ا صغرقا تل ، به‌پس قلعه رفته بودند، تما م‌با میـهٔ ا یشا ن را خورده‌ا ندوالان بحمدا للـه‌درکما ل ســـــــلامتـــی هستند .

سئوا ل ـ بفرما ئیدشهیدمظلوم مرحوم علی ا صغربروجردی چه‌قیا فه‌وهیکلی دا شتند ؟

جوا ب ـ وا للـه ، بنده‌آ ن یک دفعه‌ا ی که‌با ا یشا ن بــرخورد دا شتم کم‌سن وسا ل بودم‌وا زقضا درموقع برخوردتوجـــه به مبداء ما نع شدکه‌صورت وقیا فه‌شا ن را دقیقا " وا زروبـــرو ببینم ،فقط خا طره‌ا ی که‌ا زا یشا ن برا یم ما نده‌ا ینست‌کـــه مرددرشت هیکل ووزین وسنگینی بودند . ولی حضـــــرت آیت ا للـه‌ا لعظمی منتظری که‌آ ن موقع ا زما بزرگ تربودند میفرما یندکه‌شهیدمظلوم یک قیا فه‌کا ملا" نورا نی‌وآسما نی دا شتند . مرحوم‌شهیدمظلوم بهشتی هم یا دم میآیدهمیـــن نظررا تا ٔ ییدمیکردند .

سئوا ل ـ حضرت حجت ا لاسلام ، ا زا ینکه درا ین مصـــا حبـــه تلفنی شرکت فرمودید ، بسیا رمتشکرم . چنا نچه‌فرما یشـــی یا پیا می دا شته‌با شیدتقا ضا میکنم بفرما ئید .

جوا ب ـ عرضی ندا رم جزا ینکه شهیدمظلوم علی ا صغـــــر بروجردی رضوا ن ا للـه‌علیه ، درشما را ولیـن مبــــــا رزان ا ستقرا رجمهوری ا سلامی‌ما بودند . مبا رزا ت ا یشا رگرا نـــه ا یشا ن بودکه‌عشق به‌جمهوری ا سلامی را درقلوب ا مـــــــت

حزب الله شعله ورکردوا مروزکه از ثمرات شجره مقدسه جمهوری برخورداریم، باید به یاد داشته باشیم که شهید مظلوم بروجردی اولین فردی بودندکه تخم این جمهوری انقلابی را دردل های کسانی که امروز مسئولیت اداره جمهوری اسلامی را دارند، کاشتندولحظه ای ازآبیاری نهال شکوهمندآن غفلت نکردند. با مبارزه پیگیرشان اولین ضربت را به صهیونیسم وامپریالیسم امریکای جهانخوار واردکردند، تاجائی که امام امت روحی فداه غالباً" از مبارزات مرحوم بروجردی صحبت می کنندواز ایشان به نام سیف الاسلام یعنی شمشیراسلام، یادمیفرمایند. بنده سالگرد شهادت این شهیدبزرگوار را به پیشگاه مبارک امام امت تبریک وتسلیت عرض میکنم.

سئوال - بفرمائید، آیا حضرت امام خمینی مدظله العالی هم با شهید مظلوم علی اصغربروجردی برخوردداشته اند؟

جواب - خیر. این را از حضور مبارکشان یک بار سئوال کردم. با خود ایشان برخوردی نداشته اندولی این طوری که میگفتنددرزمان طلبگی، محضرپدرشهیدبروجردی را درک فرموده اند. وبه طوریکه میفرمایندپدرایشان هم با میوه های بسیارخوشمزه ای درست میکرده است.

سئوال - پدرشهیدبروجردی هم مثل پسرشان مبارز بوده اند؟... الو الو ...، آقای رفسنجانی! الو حضرت حجت الاسلام ...(مکالمه متاٴسفانه قطع شد)

(۳ تیر ۱۳۶۲)

مسعودِ آق باباجان

نخیر، این طورکه بووبرنگش میآید، پرزیدنت سیدابوالحسنخان خودشان را به سمت رئیس جمهوری مادام العمر منصوب کرده‌اند. آن دفعه آنقدرجزووزکردیم وپیغام وپسغام دادیم که آقا، چهارسال ریاست جمهوری تان طبق اصل ۱۱۴ قانون اساسی جمهوری اسلامی، درشرف تمام شدن است، برای دورهٔ آینده اعلام نامزدی بفرمائیدکه بتوانیدلااقل پیامها و اعلامیه‌ها تان را با امضای "کاندیدای ریاست جمهوری منتخب مردم" منتشر کنید، هیچ اثری نکرد. بازآقای پرزیدنت درشماره اخیر روزنامه "انقلاب اسلامی درهجرت" پیامی چاپ کرده‌اند با عنوان "پیام رئیس جمهوربه ملت ایران"...و باز بالقب "رئیس جمهوری منتخب مردم ایران، ابوالحسن بنی صدر"، امضاء کرده‌اند.

بنده به اینکه آقای پرزیدنت تاکی میخواهندرئیس جمهوری بمانند، کاری ندارم .دفعه اول نیست که ما رئیس جمهوری مادام العمرمی بینیم .پرزیدنت پینوشه چندسال است پرزیدنت است؟ مگرپرزیدنت عیدی امین دادا، که دوسال پیش ردش کردند، رئیس جمهوری

ما دام العمر نبود؟ مگر پا پادوک پرزیدنت هائیتی ، تا آخر عمر رئیس جمهوری نبود وتازه دم مرگ پسرش بی بی دوک را به جانشینی خودش به ریاست جمهوری منصوب نکرد؟ گیرم که این پرزیدنت ها یک دم گاوی دستشان بود که دست پرزیدنت ما به کلی خالی است!
اینها به بنده و امثال بنده مربوط نیست.
صلاح جمهوری خویش رئیس جمهوران دانند. اما مساءله اینجاست که آقای پرزیدنت سیدابوالحسنخان درپیام اخیرباز از " کودتای دوسال پیش خمینی علیه رئیس جمهوری منتخب مردم " یادکرده اندونالـه وشکوه سر داده اند که بله، دوسال پیش خمینی که خیال میکرد استبداد صالح حقیقت دارد علیه انقلاب ورئیس جمهورمردم کودتا کرد.
اگرآقای پرزیدنت درس ومشقشان را به جا وبه قاعده خوانده بودند، این الفبای علم سیاست را یادگرفته بودند که کودتا یعنی چه ومتوجه میشدندکه کودتا باصدمن سریش به موضوع عزل واخراج ایشان نمی چسبد.
زبانمان مودرآوردازبس به آقای پرزیدنت گفتیم و توضیح دادیم ودلیل آوردیم که آقا درتیرماه ۱۳۶۰ کودتائی اتفاق نیفتاده ، بازچپ میروندوراست میروند از" کودتای تیرماه ۱۳۶۰ خمینی علیه رئیس جمهوری منتخب مردم " صحبت میکنند.
گفتیم وتکرارکردیم که آقا ، ساده ترین تعریف کودتا عبارتست از: تسخیرقدرت یا تلاش به این منظور، به وسائل غیرقانونی وخلاف اصول قانون اساسی.
پس آقای پرزیدنت ، کودتا ، کدام کودتا ؟ جمهوری

اسلامی یک قانون اساسی دارد که خودشما هم جزء مصنفین و مؤلفین وتصویب کنندگان آن بوده اید. این قانون اساسی از ۲۴ آبان ماه ۱۳۵۸ لازم الاجرا شده است. شما باستناد اصل یکصدوشانزدهم همین قانون اساسی، خودتان را کاندیدای ریاست جمهوری کرده اید. بند ۵ اصل یکصدودهم به رهبراختیار عزل رئیس جمهوری پس از رای مجلس را میدهد.

شما دربرابر مجلس شورای اسلامی سوگند یا دکردید که حافظ این " قانون اساسی " باشید. مگرمجلس شورای اسلامی درجلسه ۳۱ خرداد ۶۰ با ۱۷۷ رای موافق از ۱۹۰ نفر حاضر، به عدم کفایت سیاسی شما رای نداد؟ مگر رهبر، یعنی آقای خمینی، باستناد این رای مجلس وبراساس بند ۵ اصل یکصدودهم، درتاریخ اول تیرماه ۶۰ حکم عزل شما را صادرنکرد؟ بفرمائید کجا به " وسائل غیر قانونی وخلاف قانون اساسی " متوسل شد؟ اگرآقای خمینی درتمام طول تاریخ حیات جمهوری اسلامی یک دفعه، تنها یک دفعه، موبموقانون را اجرا کرده باشد، همین یک دفعه است وبس.

این را چندهزاردفعه، چندهزارنفرباید به شما بگویند تا درست مرکوز ذهنتان بشود ودیگرنفرمائید " خمینی علیه رئیس جمهوری منتخب مردم کودتا کرد " ؟ این کودتا و کودتا بازی پرزیدنت سیدابوالحسنخان بنده را به یاد " مسعودِآق باباجان " می اندازد.

*

مسعودِآق باباجان، شانزده هفده، بلکه هجده ساله بود وریش وسبیل درآورده بود، هنوزکلاس پنجم ابتدائی بود.

آنقدرسه سال سه سال توی یک کلاس مانده بودکه ما بچه ها بهش رسیده بودیم ومسلما "اگرچها رکلاس اول را درشهرستان نبودوپارتی بازی های خانواده اش نبود، به کلاس پنجم ابتدائی هم نمیرسید. عاشق ازگیل وکانفت بود. آنقدر ازگیل وکانفت وهله هوله خورده بودومیخوردکه هشتاد کیلووزن داشت. خیلی ها معتقدبودندکه عقب افتادگی مسعودتقصیرپدربزرگش آقای بدیع الممالک، یا به قول مسعود، " آق باباجان " است که بچه را بیش ازحد لوس کرده است. البته آن وقت ها ریزه کاری های ژنتیک مثل امروزشناخته شده نبود. درخانواده، " سوسوجان" صدایش میکردند. اما بین بچه ها به" مسعودِآق باباجان" معروف بود. علت هم این بودکه یک بیت، تنها یک بیت شعر — باصطلاح شعر — اشرطبع پدربزرگش، یادگرفته بود و همیشه درحضورمهمان ها به اصرارپدرومادرش، بعد از مدتی نازوغمزه، با دهن پرازازگیل یاکانفت میخواند:

من نه مسعودسعدسلمانم
بنده مسعودِآق باباجانم

البته پدربزرگ وپدرومادربرای این بلبل زبانیش غش وضعف میکردندومهمان ها هم به احترام پدرومادربرایش دست میزدندوبه به وچه چه میکردندوبااین ترتیب رفع شبهه میشدکه کسی خدای نخواسته وجودنازنین " سوسوجان" را بامسعودسعدسلمان عوضی نگیرد.

پدرومادر، وبخصوص پدربزرگ، آقای بدیع الممالک، تمام زورشان را روی این کارگذاشته بودندکه "سوسوجان" تصدیق ششِ ابتدائی را بگیردتا اورا برای ادامه تحصیلات به آکسفوردبفرستند.

اما از درس وکلاس ! دریک کلام، مسعودآق باباجان خنگ و کودن مطلق وحتی مصداق کمال خنگی وکودنی بود. روزی که معلم حساب از او جدول ضرب میپرسید، سئوال کرد:

- پنج هفت تا؟ جواب داد:

- سی وهشت تا.

معلم بدبخت که نزدیک بود از عصبانیت پس بیفتد، تسبیحش را توی سرخودش کوبید ونعره زد:

- بنده بیگناه خدا، لااقل بگوچهل تا! آخرکدام عدد جدول ضرب را درکدام ضرب بکنی سی وهشت تا میشود؟!

تازه حساب ضعیف ترین درسش نبود. درریاضی، به نسبت فارسی ودیکته که بگیریم، فیثاغورث بود. آقای جزایری معلم فارسی، گاهی ناچاربودبرای محاسبه غلط های دیکته مسعودآق باباجان، دست بدامن معلم حساب بشود. آقای جزایری، رحمت الله علیه، ازهرده تا دیکته، نه تایش را ازمقدمه گلستان سعدی انتخاب میکرد.

همانطورکه انتظار میرفت، آخرسال مسعودآق باباجان، با همهٔ مراعات واِرفاق مدیروناظم ومعلم ورزش وغیره - که میخواستند ازشروجوداوخلاص شوند - تجدیدی شد.

درامتحان دیکته، "منت خدای را عزوجل" را نوشته بود: "مندخدارراهزدوجلب" که میشودحدس زد "اعملوآل داود شکرا" وقلیل من عبادی الشکور" را بچه صورتی نوشته بود!

آق باباجان وخانواده که معتقدبودندبچه یک دنیا استعداد داست فقط سرامتحان دستپاچه میشود، به فکر افتادندکه برایش معلم سرخانه بگیرندکه درامتحان شهریور

دستپاچگی اورا رفع کند.
آقای جزایری زیربار نرفت که نرفت. راضی نشد که نمک گیر خانواده بشود و بعد موقع نمره دادن با وجدانش دربیفتد. جواب داد: من پنج تا بچه صغیر دارم، تابستان با این آقا مسعود سروکله بزنم بچه هایم یتیم میشوند.
عاقبت دست به دامن آقای قنسول شدند. آقای قنسول قوم وخویش مادری مسعود آق باباجان بود ونمیدانم کی و کجا ودرکدام شهرخارجی، مدتی قنسول بوده که لقب قنسول (مثل لقب رئیس جمهور منتخب مردم روی پرزیدنت بنی صدر) رویش مانده بود. شهرت داشت که یکی از بچه های سوپرخنگ وخرف خانواده را به امتحان رسانده است.
چقدرنازش راکشیدندتا راضی شدپانزده روزی ازسرباغ و ملکش دوراَمین،به تهران بیایدومهمان خانواده باشد، بلکه برای مسعود آق باباجان کاری صورت بدهد.
آقای قنسول معتقدبودکه معلمین مدارس بااصول تعلیم و تربیت جدید آشنا نیستندوزبان بچه ها را نمیدانند.باید با بچه ها به زبان خودشان حرف زدوبخصوص باید به مسعود آق باباجان هم علیرغم سن وهیکل بزرگش، به چشم یک بچه نگاه کرد.
خبرورود آقای قنسول درهمه محله پیچیده بودوهمه آشنایان چشم انتظارمعجزهٔ اوبودند.
ما بچه ها، درآن ایام به عشق خوردنازگیل وکانفت که برای تشویق مسعود آق باباجان، به حدوفورتدارک میدیدند سعی میکردیم بهربهانه ای هست خودمان را به آن دوروبربرسانیم وبه این ترتیب شاهدیکی دو درس

آقای قنسول به مسعودبودیم.
قسنول توی حیاط کنار باغچه، روی تخت چوبی می نشست. ظرف ازگیل وکابفت را پشت سرش میگذاشت و مسعود را چهار زانو پیش رویش می نشاندو مثلا" میگفت: سوسوجون، این " عزوجل" که اینقدر ترا ترسانده خیلی ساده است. تو، عموجان عزیزرا یادت میآید؟ عموجان عزیزکه برایت ازگیل میخرید، که همیشه تا ترا میدیددستی میزدومیخواند: آقا سوسوی قندی — اسبتو کجا می بندی — زیر درخت نرگس — داغت نبینیم هرگز — یادت هست؟ خوب، حالا خیال کن میخواهی واسهٔ عموجان عزیزیک کاغذبنویسی که برایت ازگیل بفرستد، بنویس: عموجان عزیز... کاغذ را نگاه کن، نه ظرف ازگیل را! مسعودآق باباجان بعدازاینکه چندین وچندین بار، "عموجان عزیز" ومثل اینهارا می نوشت، عاقبت بشوق ازگیل موفق میشد درست بنویسد "عموجان عزیز"، آن وقت آقای قنسول یواش یواش، بامداد پاک کن "عمو" را پاک میکرد، بعد "جان" را پاک میکردومیپرسید: — حالاچی مانده، سوسوجون؟ — مانده عموجان. — نه قربان پسرم، مانده "عـــزیــز" فهمیدی؟ — آره، آره، فهمیدم.
بعدقنسول "یز" را پاک میکردومیپرسیدچی مانده؟ که مسعودآق باباجان باجان کندن وبعدازنیم ساعت من ومن وخوردن یک چارک ازگیل، میگفت ومینوشت "عز". بعد، ازآنجاکه معلم فارسی کم وکسری تشدیدرا هم نیم غلط حساب میکرد، قنسول میگفت:
سوسوجون، عموجان عزیز توی این آفتاب یک چتر بالای سرش لازم دارد که ملاجش آفتاب نخورد. حالا یک چتربالای

سر این " عز " ، که همان عموجان عزیز است ،میگذاریم.
بعدخودش یک علامت (ﺳ) بالای " عز" نقاشی میکرد.
تازه سوسوجان درحالیکه ازمیان لب ها ، با هستهٔ ازگیل،
گلها را نشانه می گرفت ، نوک زبانی ایرادمی کرد :

ـ عموقنسول ، چراچترش وارونه است ؟ اصلاً" چراچترش دسته نداره ؟

این شروع کار بود. حالابگذریم‌که آقای قنسول برای"جل"،
چقدربا مدادپاک کن روی اسم " آقاجلال قناد" کارکرد و
بگذریم که برای " به‌شکراندرش" ، چقدرشکرتوی پالوده
سیب ریخت وبه‌خوردمسعودآق باباجان داد.ازهمه‌این ها
بگذریم.

همین طوربگذریم ازاین که پدرش روزی که برای گرفتن
نتیجه‌امتحانات نورچشمی ، به مدرسه رفت وبرگشت ، دور
ازچشم آق باباجان ، باکمربندبه‌جان سوسوجان افتاد و
کف برلب فریاد زد :

ـ آخرتن لش بیعار، عموجان توی دیکته چه‌کارمیکرده
که‌نوشته‌ای " منت خدای راعموجان عزوجل ...؟

باجناقش ، سلطان رحمت‌الله‌خان، ابواب جمعی
ژاندارمری ملایر، که‌برای مرخصی تهران بود،وساطت
کرد :

ـ برادر، اینقدرعصبانی نشو،پس می افتی، قلبت ازکار
می افتد.

ـ من باضرب شلاق هم شده‌درس راتوی کلهٔ این تن لش
فرومیکنم. حیف‌ازآن پلومرغی که‌دوهفته‌تمام به‌قنسول
دادیم‌خورد.

ـ قنسول تقصیرندارد. شلاق همفایده‌ندارد.توگربا

شرپنل آلمانی ومترالیوزاتریشی بتوانی یک چیزی توی کله‌این بچه‌فروکنی !

بگذریم ازاینکه بیچاره‌قنسول با زنشسته زمستان همان سال مرحوم شدوآدمهای بدخیال وبدزبان گفتندکه‌ازغصهٔ بی‌اشرماندن متدش دق کرده، ودرواقع قربانی کند ذهنی مسعودآق باباجان شده‌است .

بهرحال متدآقای قنسول آنجا موٴ شرنیفتاد. ولی بنده‌با همهٔ این حرفها، معتقدم‌که‌اگربچه‌کندذهن عادی باشد و درزمینهٔ خنگی وکودنی به‌حد مسعودآق باباجان نرسیده باشد، می شودبازبان بچگانهٔ معقول، بدون توسل به توپ شرپنل آلمانی ومترالیوزاتریشی، لااقل مسائل ساده را درمغزش جاداد. می توانیم این متدرا - هرچند فصل ازگیل نیست - درموردپرزیدنت سیدابوالحسنخان امتحان کنیم . شایدموضوع رابگیرندودیگردرمورد " کودتای دوسال قبل خمینی علیه رئیس‌جمهورمنتخب مردم " کوتاه بیایند. بامیدخدا .

- ببین، ابول جون، یادت هست آن پارسال پارسالها که‌توی مجلس خبرگان نشسته‌بودی ؟ توی اون اتاق گنده گنده‌هه ، بااون آخوندها، اون آقاهائی که‌ریش داشتند، یک کهنهٔ گندهٔ سفیدیاسیاه‌دورکله‌هاشون بسته بودند ، یادت آمد؟ من هرروزتوی تلویزیون کانال ۲ تماشایت میکردم . توردیف دوم دست چپ نشسته‌بودی .می دانی ، دست چپ ها ... همون دست طرف چنگال ... اون روبروهم پشت اون میزبلندبلنده‌گربه‌نرهٔ پینوکیویک طرف نشسته بودهیچ حرف نمیزد ،اما اون وسط اون آقاریشوه ، چشم و ابرودرشته ، صداکلفته ، نشسته‌بود .داشتیدقانون اساسی

می نوشتید. آن کتابچه‌کوچولوه‌را می نوشتید. یعنی اون آقا ریشوصدا کلفته می پرسیدماده ۵ یا ماده‌ٔ ۱۱۰، موافقیدیانه؟ ... یعنی دوست داریدیانه؟ ... توهم با اون آقا ریشوعمامه‌ای ها می گفتی آره‌دوست دارم.
این ها یادت آمد؟ اونوقت بعدش ... توبه‌پاپا روح‌الله گفتی من که‌اینقدربرات کار کردم‌خسته‌شدم، حالا اون اسباب بازی قشنگه، گنده‌گنده‌هه را می خوام. یادت هست که‌دوسه‌تا بچه‌دیگه هم‌بودندکه‌همان اسباب بازی را می خواستند؟ آن افغانیه بودکه‌گازش گرفتی دررفت، آن صادق گنده‌هه هم بود، همون که‌پاپا روح اللّه‌پارسال اوخش کرد. اون صادق خوشگله‌هم‌بود. همون که‌چیزهای بدبد آورده بود آلمان، آجان گرفتش. اونوقت ...
پاپا روح اللّه اون اسباب بازی قشنگه‌را دادبه‌تو، اما باهات شرط کرد. گفت اگرشیطونی کنی، بعداز ظهرها نخوابی، دندان هایت را مسواک نکنی، اون آقا عمامه‌ای ها خبرش را میآرند، اسباب بازی رااز ت پس میگیرم‌ها! توهم گفتی خیلی خوب، قبول دارم، قول میدم، قسم هم‌می خورم. اونوقت دادبه‌تو...توگرفتی، دست پاپا روح اللّه راهم بوس بوسی کردی...
این ها یادت آمد؟ اونوقت ... تورویت را زیادکردی، خواستی همه‌اسباب بازی ها را بگیری واسهٔ خودت، اونوقت آن آقا ریشوها نشستند، توی همون کتابچه‌که‌خودت هم نوشته بودی وگفته‌بودی خیلی قشنگه، نگاه کردند، گفتندتولیاقت اون اسباب بازی گنده‌هه‌را نداری، به پاپا روح اللّه‌هم‌خبردادند، اونوقت اون هم ازت گرفتش... تازه، سوزن هم ورداشته‌بودکه‌دستت را جیزکنه، اما تو

دررفتی ... حالا می فهمی ، ابول جون ، که نبایدبگی پاپا روح الله حق نداشت منوبیرون کنه ؟ ... بارک الله پسرخوب ، حالا پاشودندانهایت را بشور ، اون کارت را هم بکن ، برولالاکن که خواب اسباب بازی های قشنگ ببینی ، فردا هم مثل گل گلاب پاشی بری با مسعودجون واحمدجون وهدی جون ومنوچ جون بازی کنی ... هاماشاءالله آقا پسر ، قندوعسل ، دورازبلا، سنبل طلا... پاشو شب بخیربگو، بروبخواب !

بنده درحدامکان واقتدار واستطاعتم، روی عشق وعلاقه قلبی به پرزیدنت ، وبرای اینکه مردم به حرف پرزیدنت محبوب ما نخندند، سعی کردم - بدون این که مثل آقای قنسول پلومرغی خورده باشم - به زبان ساده ومتدقنسولی قضیه کودتا را برای آقای پرزیدنت روشن کنم .امیدوارم موءثرافتاده باشد .
هرچند ... هرچندمی ترسم که به سیاق مسعودآقبابا جان، که بعدازآن همه زحمات قنسول ، بازنوشت " منت خدای را عموجان عزوجل " ... ، درپیامآینده پرزیدنت سید ابوالحسنخان بخوانیم :
" دوسال پیش که خمینی علیه رئیس جمهوری آقا پسرسنبل طلای منتخب مردم کودتا کرد ... "
دراین صورت ، هیچ بعیدنیست که عواقب کندذهنی،بعد از قنسول بیچاره ، قربانی دیگری ازجمع مربیان آماتور بگیرد !

(۱۱ شهریور ۱۳۶۲)

پای روضهٔ
حاج آقا مسعود

بودن یا نبودن ، مسئله اینست ! آقای مسعودی رجوی ، بمناسبت عاشورای حسینی ، سرمقاله روزنامه مجاهد شماره ۲۸ مهر ۶۲ را با این کلام شکسپیر طاغوتی ، از دهن پرنس هاملت طاغوتی تر ، شروع کرده اند.
عنوان مقاله " حسین پیامبر جاودان آزادی " است.
آقای مسعود رجوی ، برای اثبات " بودن " خود ، که باید هرطورهست ثابت شود ، دست به دامن شیوه آخوندی - یعنی بیان مطلب از طریق روضهٔ " اشک گیر "- زده اند.
البته روضه نه به سبک روضه های مرحوم ضیاءالواعظین ، بلکه روضهٔ مدرن ، از آن نوع روضه های اواخر دوره شاه که آخوندهای " دکتر " با جلوزلف بیرون افتاده از عمامه ، میخواندند ومعمولا" از " گوستاولوبن " و " ارنست رنان " هم شاهد مثالی می آوردند.
این مدرنیسم در روضه خوانی تا آن جا می رود که کلمات فرنگی وبلشویک مآب مثل " ایدئولوژی " در دهن حضرت سیدالشهدا می گذارند. برای مثال این فرموده او : " ان لم یکن دینا ... " را به صورت :" اگر ایدئولوژی

ودینی ندارید..." ترجمه می کنند.

بعدهم روی گرده‌ٔ همان روضه‌خوان ها، روضه را قبل از گریز به‌صحرای کربلا، با یک موضوع روز- با کلمات شمرده والفاظ معقول مردم فهم، شروع می کنند. وضع اجرای عدالت درآن زمان رایادآورمی شوندوبه بررسی تطبیقی می پردازند:

(همچون امروزبانقض تمامی ضوابط قضاوت عادلانه اسلامی - که‌فی المثل باصراحت تمام هرگونه شکنجه را حتی درباره حیوانات گزنده‌وهارنیزتحریم‌نموده‌ویا برخورداری ازحق دفاع درمحکمه‌ی علنی را- ولو با وکیل مدافع نامسلمان ویاضدمسلمان - تصریح کرده است، قوهٔ قضائیه‌را دراختیارگرفته‌وبا استفاده‌ازامثال شریح قاضی ،حکم خارجی ومحارب ومرتدبودن حسین بن علی ومنافق بودن وطاغی وباغی بودن پیروانش‌رااصادر نموده‌وازهمهٔ منبرهای شهرهاوروستاها اعلام می نمودند.)

ظواهرامرنشان می دهدکه‌آقای رجوی درتبعید عاقبت فرصت مطالعه ودریافت دقیق ضوابط قضاوت عادلانهٔ اسلامی " که حق برخورداری ازدفاع درمحکمه علنی را ولوباوکیل نامسلمان تصریح کرده"، یافته‌اندواین امرمایه بسی خوشنودی است. زیرادلیل قاطع دردست داریم که‌ایشان، حداقل تاتاریخ ۴ خرداد ۱۳۵۸، فرصت این بررسی راپیدانکرده‌واز" ضوابط قضاوت عادلانه اسلامی " و " حق دفاع درمحکمه‌علنی باوکیل " اطلاعی نداشته‌اند. دلیل قاطع، اظهارات‌ایشان درسخنرانی ۴ خرداد ۵۸ در ترمینال پارک‌خزانه (منقول درصفحه

۴۳ نشریه مجاهدین خلق به‌همان تاریخ) است که ، پس از اعدام صدها نفر در دادگاه‌های دربسته و بی وکیلِ آقای خلخالی ، فرمودند : " افتخار بر این دادگاه‌ها ، افتخار بر این احکام ، افتخار بر این بازپرس‌های انقلابی ما " .

مقاله با حملات تندی نسبت به آقای خمینی ، مانند "ایلغار دژخیم ضد بشر " و " استاد پلید شمر و یزید " شروع می‌شود. البته بهانه مطلب ، همان طور که عرض کردم ، شرح مصیبت کربلا و تجلیل از نهضت حسینی است . تا این جا هیچ حرفی نیست اما . . .

اما نکته مهم در محتوای سراسر مقاله ،نشانی هائی است که آقای رجوی از حضرت امام حسین از یک طرف ،و یزید بن معاویه از طرف دیگر،می دهند . این نشانی ها طوری موبمو از طرفی با خود آقای مسعود رجوی ، و از آن طرف با آقای روح الله خمینی تطبیق می کنند ، که اگر خواننده اتفاقا " شمایل حضرت و تصویر یزید را در پرده‌های عاشورا ندیده باشد ، یزید را عینا " با ریش و عمامه آقای خمینی و حضرت امام حسین را ، العیاذ بالله ، با صورت گرد و سبیل پرپشت آقای رجوی در ذهن می آورد .

آقای رجوی در راه این " شبیه‌سازی " تا آن جا می روند که می خواهند به هر قیمت شده فعل و انفعالات خود را بَدَل نهضت حسینی و خلق و خوی و شیوه خویش را هم رونوشت برابر اصلِ خلق خوی و شیوهٔ حسین بن علی معرفی کنند . درزمینه سازش ناپذیری حضرت امام حسین ، و شباهت آن با سازش ناپذیری خود تا آنجا که بشود ، پیش می روند .

عینا " مینویسند:

(آن هائی که درزیرسایه‌ء " امیرالموءمنین یــزید")
به‌نحوی عافیت‌گزیده‌وحتی مبلغ این عقیده بودندکه‌اگر حسین بن علی سرمقاومت وجنگ نداشته باشد، چه‌بسـا می توان ازحضرت‌امام (یزید) امتیازاتی گرفـت و کارها را روبه‌راه کرد. اماحسین ... پیوسته می گفت: هریک ازشما حاکم‌ستمکاروقلدروبد کاری را بنگرد که‌به حقوق خدائی تجاوزمی کندوپیمان های خدائی را می شکند و باخط مشی وسنت پیامبرمخالفت می ورزدودرمیان مردم به‌تعدی وتجاوزحکومت می کندوعلیرغم همه‌این هـا آن حاکم راازرشتی وزشت‌کاری بازندارد، برخداواجب است که‌چنین کسی را درآتش خشمش بسوزاند.)

بسیارخوب، ما می خواهیم قبول کنیم که‌آقای رجـوی نسخه بدل حضرت هستند. اما تا آن جائی که درتـواریـخ شیعه خوانده‌ایم ، امام حسین این حرف راازاول تـا آخر - وهمان طورکـه‌خودآقای رجوی می نویسند- پیوسته به‌یزید می گفت وبنده به‌یادنمی آورم که آن حضـرت درروز ۲۲ بهمن ماه سال ۶۰ هجری ، دربه‌قدرت‌رساندن یزیدآن همه جانفشانی وفداکاری کرده‌وبعدبه‌این کـار خودافتخارکرده‌باشد.

وهمین طورهیچ به‌خاطرنمی آورم جائی خوانده باشم کـه حضرت دردوران یزید، خودراکاندیدای ریاست‌جمهـوری کرده باشدویا برای انتخابات مجلس یزیدی ازتمامشهرها وشهرستان هاوبلاد عربستان وبین النهرین وشامکاندیدا معرفی کرده باشد ...

ومهم تراین که ، به‌دلیل شهیدشدن درتاریخ دهم‌محـرم

سال ۶۱ ، کسی نمی تواند دعا کندکه حضرت بعداز یکی دوسال خدمتگزاری صادقانه به یزید، چون مغضوب شد ودر خطرافتاد، یاران وزن وبچه را گذاشته وبه اتفاق، مثلا" مسلم بن عقیل، باکجاوهٔ ۷۰۷ به مثلا" شام گریخته باشد.

امادر" بودن ونبودن " ، واقعا "مساٴله اینست که در این شبیه سازی، آقای رجوی یک باره به یک اشکال عمده برمی خورند: اگرتاریخ تکرارشده باشدوبخواهند وقایع را موبموتطبیق بدهند، مساٴله اهل کوفه چه می شود؟

اگربخواهنددنبال تاریخ بروندوبپذیرندکه اهل کوفه زیرقول خودزدندوحسین بن علی رادربرابرلشکریان ابن زیاد تنها گذاشتند، قرینه اش این می شودکه ملت ایران هم، که آقای رجوی امیددرحمایت ویاریش بسته بودند ـ ایشان را به حال خودرها کرده است.

نه، این جا دیگرخراب می شود. بایدیک فکری کرد! چه فکری ؟ تبرئه اهل کوفه .

اینجاست که مینویسند:

(اما آنچه دراین میان گفتنی است ستمی است که اغلب مورخین درحق مردم بی پناه وبی گناه کوفه روا داشته اند، چنانکه گوئی تقصیرتنها گذاشتن حسین (ع) نه برگردن فرصت طلبان ومیوه چینان حرفه ای ، بلکه به مردم بی پناه کوفه مربوط می شودکه به رغم تمامی عشق وعلاقه ای که به پیشوای تاریخی آزادی ویگانگی داشته اند، در بحبوحه خفقان مطلق ابن زیاد، توانائی هرحرکت کارسازدستجمعی ، موقتا" ازآنان سلب شده بود.وانگهی

مگر حسین معاریف و چهره‌های آنچنانی کوفه را نمی شناخت و از آغاز به قول و قرارهای آنان قانع شده بود؟)

پس باید نتیجه گرفت که اهل کوفه هم مثل مردم ایران، به علت خفقان مطلق نتوانستند علیرغم تمامی عشق و علاقه، به "پیشوای تاریخی" خودکمک کنند و گناه برگردن رفسنجانی ها و خامنه‌ای ها و موسوی های آن دوره است.

اما یک مساءله نسبتا "پیچیده دیگر هم در این "شبیه سازی" پیش می آید. برای این که اولا "شباهت کامل بشود و ثانیا "آقای پرزیدنت سید ابوالحسن خان هم - که حالا جزء خانواده است - خلقش تنگ نشود باید در واقعه نهضت حسینی، یک "شبیه" هم برای پرزیدنت پیدا کنند. بخصوص این که یک آدم فضولی در یک روزنامهٔ فضولی، اخیرا "نوشته بود که آقای رجوی و دوستان، پرزیدنت را - مثل بچه‌های کچل که نمی گذاشتند جلوی مهمان بیاید - توی صندوقخانه قایم کرده‌اند و ظاهرا" این موضوع پرزیدنت را سخت رنجانده است و طبق اطلاع، چند هفته با آقای رجوی قهر بوده‌اند. کار سختی بوده ولی گره به دست "حُر ریاحی" باز شده است. مینویسند:

(اما وقتی در ابتدای روز عاشورا عمر بن سعد - فرمانده جدیدی که با چند هزار سوار و با وعدهٔ حکومت ری گسیل شده بود - به محاصره اردوی حسین (ع) پرداخت و می رفت تا جنگ نهائی را آغاز کند، در ضمیر حُر طوفانی برپا شد: طوفان بودن یا نبودن و اکنون سردار خشن و سرسخت و دلاور - طبعا "بر اساس زمینه‌های مکنون پیشین - در نهایت عجز و التهاب، دچار رعشه و لرزه شد... لحظاتی

بعدسردا ررزمجوودلاوردربرا برحسین بن علی به‌خاک‌افتاده بودوکمی بعد، سربردا مان پیشوای آزادی ویگانگی داشت ...)

دردسرتان ندهم: روضه‌کامل است وهیچ کم وکسری ندارد: اشقیاء، همه‌وهمه: یزیدوابن زیادوشمروعمربن سعد - البته درکنارقرینه‌های امروزی شان، خمینی ورفسنجانی وخامنه‌ای وخلخالی - همه‌حضوردارند. وازطرف دیگرائمه واهل بیت‌هم از "حبیب بن مظاهر" گرفته‌تا "جون غلام سیاه‌پوست" و "مادرعمربن جناده" همه‌حاضرند (که متاءسفانه بنده‌به‌علت عدم‌آشنائی بااحوالات یاران کنونی آقای رجوی - مثل دکترهدایت الله‌خان ودکتر منوچهرخان ودکترناصرخان - قرینه‌های امروزی شان‌را نیافتم ونداستم کدام باکدام تطبیق می کند)

تنها غایب، "زعفرجنی" است که‌علت غیبت اوبر نگارنده این سطورمکتوم مانده است.

احتمال می دهم به‌این علت است‌که‌حاج آقا، برای آن بزرگوارقرینهٔ امروزی پیدا نکرده‌اند.

"شوراندازی" درمجلس هم به‌کمال تاءمین شده‌است: حتی تیرزدن حرمله‌حرامزاده‌به‌گلوی حضرت علی اصغر - طفل نوزاد حضرت امام حسین، مقاله رابه‌اوج سوز و گدازمی رساند.

گفتنی است‌که‌آقای رجوی، دراین روضه، هیچیک از دقایق فن اشک گرفتن راهم فراموش نمی کنندودرمقام توصیف شجاعت وفداکاری "همسروهب" بخصوص یادآوری می کنندکه: "هنوزبیش از ۱۷ روزازازدواجش نمی گذشت" که‌بنده‌نمی دانم اگربیش از ۱۷روزازازدواجش می گذشت

چه اندازه از ارزش فداکاریش می کاست ! ویا جای دیگر از شهادت قاسم‌بن حسن " تازه داماد " یاد می کنند که البته حدبنده نیست درکار ائمه دخالت کنم. اما به عقل ناقص خودفکر می کنم که به قول مولانا عبید: آنجا که او بودجای خنده نبود، ودرنتیجه اصلح بوددرآن جنگ و جدال وخون وآتش وبی آبی ودرمیان اجساد کشته شدگان، عروسی وامرخیررا به موقع آرام تری موکول می کردند.

درآخرروضه آخوندهای مدرنی که عرض کردم، به جای گریز باآواز، به نتیجه‌گیری اجتماعی می رسند. آقای رجوی هم، درپایان روضه‌خویش یک مساءله مهم اجتماعی را مطرح کرده‌اند وآن مساءله اسلام راستین واسلام دروغین است :

(... سرنوشت دونوع اسلام کاملا"متعارضی که امروز در ایران ازیک طرف به‌وسیله مجاهدین وازطرف دیگرتوسط خمینی نمایندگی می شود، نیزپیشاپیش معلوم‌ومبرهن است ...)

یک گوشه این اسلام راستین راآقای رجوی موردا شاره قرارمی دهند :

(البته می توان فارغ ازهمه‌ی اجبارات تاریخی ونیز غوطه‌وردراباطیلی که‌خمینی گرایان – ازجانب به‌اصطلاح اسلام خودشان دررابطه باحقوق زن – به‌هم‌می بافند، تندوتیزبربی حقوقی زن دراسلام تازید. اما "مجموعه قوانین " و " تاریخ حقوق " و" حقوق تطبیقی "در بسیاری ازکشورهای پیشرفته‌ی امروز گواه‌آشکاری است براین حقیقت که‌حقوق ودیدگاه‌ها و" فلسفه‌ی حقوق " اسلامی،فی المثل دررابطه بااستقلال اقتصادی وقضائی

وسیاسی زن دست کم یکهزاروچندصدسال جلوتراست .
کما اینکه می بینیم دربسیاری ازکشورهای مزبور تنها
پس ازجنگ جهانی دوم استقلال اقتصادی زن به رسمیت
شناخته شده است .اضافه بر این بدیهی است برخلاف منطق
ارتجاعی وپوسیده‌ی خمینی گرایان، ودقیقا " برحسب
دینامیسم ونصوص قرآنی ، امروزبه هیچ وجه نمی توان
درارابطه با " حقوق مدنی " زن نیزدرچارچوب اجبارات
تاریخی صدراسلام متحجرومتوقف ماند ـ که طبعا " موضوع
بحث جداگانه‌ایست) .

ملاحظه می فرمائید که ازمیان الفاظ وعبارتهای
سوپرمدرن آقای رجوی ، این فکررا می شودبیرون کشید :
۱ ـ حقوق زن دراسلام یکهزاروچندصدسال جلوتر از
کشورهای پیشرفته امروزی است .
۲ ـ برحسب " دینامیسم ونصوص قرآنی درارابطه با حقوق
مدنی زن " ، نمی توانیم درچارچوب احکام صدراسلام که
دروضع آن ها اجبارتاریخی بوده متحجرومتوقف بمانیم .

بنده می خواهم عرض کنم اگرحقوق زن دراسلام درمقایسه
با حقوق زن درکشورهای پیشرفته امروزی یکهزاروچندصد
سال جلوتراست دیگرچرا نبایددراین احکام اینقدر
پیشرفته صدراسلام متحجرومتوقف بمانند؟ فکرنمی‌فرمایند
توسل به " دینامیسم ونصوص قرآنی " برای بیشترازاین
" جلوبردن حقوق زن " موجب پرروئی زن ها بشودودیگر
نتوانیم ازپسشان بربیائیم؟

اما همین " حقوق یکهزاروچندصدسال جلوتر" را اگر
بخواهندبازهم " جلوتر" ببرند به‌چه‌طریقی اقدام
می کنند؟

بیائیم وآیه ۳۴ سوره نساء "الرجال قوامون علی النساء ..." را ندیده بگیریم وآدمهای آینده را طوری تربیت کنیم که از "اضربوهن" منصرف شوند و زن ها را کتک نزنند ...
یا فرض کنیم درمورد آیه ۲۲۳ سورهٔ بقره که میفرماید:
" زنان شما کشتزار شما هستند، به کشتزارتان هرطور میخواهید وارد شوید" ، آقای رجوی ودوستان بتوانند، با نصیحت و دلالت، کاری کنند که مؤمنین از" هرطور وارد کشتزار شدن " صرفنظر کنند و از" یک طور" وآن هم به طور متعارف واردشوند، اما بنده می خواهم بپرسم با کدام " دینامیسم " می خواهند سهم الارث زن را که به موجب نص صریح آیه ۱۲ سورهٔ نساء نصف سهم مرد است به دوبرابر افزایش دهند؟
ایشان بهتر از بنده می دانند که به موجب آیه های ۶۴ سوره یونس - ۱۱۵ سوره انعام - ۲۶ سوره کهف ،کلمات خدا درمورد متشابهات هم تبدیل پذیرنیست چه رسد به محکمات، آن هم محکماتی به این محکمی.
مگر این که بفرمایند بعد از استقرار " جمهوری دمکراتیک اسلامی نه یک کلمه بیشتر و نه یک کلمه کمتر" ، ایشان یک هیاءت بلندپایه را ماء مور - العیاذ بالله - پاکسازی قرآن می کنند و" محکمات " را هم اول لق وبعد حذف می نمایند.

آقای رجوی می توانند مثل معمول این سئوال بنده را زیرسبیلی درکنند و جوابی ندهند . اما ضمنا " می توانند خاطرجمع باشند که توی این شهر، فضول تنها من نیستم.
آن معدود جوان هائی هم که هنوز دروبرشان مانده اند، لااقل به اندازه بنده - اگر برای رعایت ادب نگوئیم

فضول ـ کنجکاو هستند و اگر سئوال را بر زبان نمی‌آورند ،
دلیل حجب جوانی آن هاست . اما دیریا زودیکی شـــان
عاقبت دل به دریا زده و این سئوال را مطرح خواهد کرد .
وآن وقت است که دیگر" بودن یا نبودنِ   جمهـــوری
دمکراتیک اسلامی "   ـ و مستر پرزیــدنــت و مستـــر
پرایم مینیستر محترم آن ـ   " مساء له نخواهدبود .

(۴ آذر ۱۳۶۲)

پرزیدنت پیروز است

نخیر، دوستان نمی گذارند ما به کارمان برسیم. در بحبوحه گرفتاری ما برای تشکیل دفترهماهنگی بین رئیس جمهور و مردم، برای تدارک انتخابات دوره‌ٔ جدید ریاست جمهوری پرزیدنت سیدابوالحسنخان، پیغام پشت پیغام و نامه پشت نامه، که چه نشسته‌اید پرزیدنت در مجله "آفریقای جوان" ازکتابخانه خودشان و مرحوم پدرشان صحبت کرده‌اند.
برای اطلاع آن عده از دوستان که به این مسائل جزئی می پردازند، یادآوری می کنیم که دوره‌ٔ چهارساله ریاست جمهوری پرزیدنت سیدابوالحسنخان در شرف پایان است و ما، علاقه مندان ایشان، در تدارک مبارزات انتخاباتی ایشان هستیم. زیرا طبق اصل یکصدوچهاردهم قانون اساسی جمهوری اسلامی، انتخاب مجدد رئیس جمهوری برای یک دوره بلامانع است - که انشاءالله این اصل را هم درآینده اصلاح می کنیم و - انتخابات مادام العمر را به جایش میگذاریم.
بهرحال، ما دفترهماهنگی رئیس جمهوری با مردم را، که دفعه پیش درتهران تشکیل شده بود، درخارج تشکیل داده‌ایم. این دفتردارای چند کمیسیون وچند

سوکمیسیون است که جزء به جزء مسائل درآن ها مورد بحث وبررسی قرار می گیرد. از جمله: کمیسیون معرفی خدمات گذشته - کمیسیون پاسخگوئی به معاندین - کمیسیون تعیین شعارهای انتخاباتی وغیره.

البته هنوز بعضی مشکلات را نتوانسته ایم با خود پرزیدنت حل وفصل کنیم. از جمله به ایشان پیشنهاد کرده ایم که این لقب " منتخب " را که به خود داده اند، لااقل حالا دیگر از دنباله اسمشان حذف کنند. خیلی طبیعی هم هست: به هرکس می گوئیم بیا ئید انتخاب کنید، جواب می دهد: رفته را که نمی برند، خوابیده را که نمی خوابانند، زمین خورده را که زمین نمی زنند، انتخاب شده را هم که دیگر انتخاب نمی کنند.

ولی متاءسفانه تا حالا پیشنهادمان به جائی نرسیده است. آقای پرزیدنت از این لقب " منتخب "خوششان می آید. دوسه روز پیش مخبر کمیسیون شعارها پیشنهاد تازه ای کرد: حالا که آقای پرزیدنت از این لقب اینقدر خوششان می آید اسمشان را از " بنی صدر" به " منتخب " تغییر بدهند. وخودش تعهد می کند که خانواده دکتر عنایت الله - خان منتخب را راضی کند که به احترام مصالح ملی اعتراض نکنند. می گوید این تغییر نام چند فایده دارد. یکی این که خیلی ها نخواهند فهمید که " سیدابوالحسن خان منتخب " همان پرزیدنت سیدابوالحسن خان بنی صدر است وبه این ترتیب رای بیشتری خواهیم داشت واز طرف دیگر کمیسیون " شعارهای انتخاباتی هم " که به علت بی وزنی اسم پرزیدنت، با مشکلاتی روبروشده از بن بست بیرون خواهد آمد. این کمیسیون بعد از چند هفته تلاش تازه یک شعار

پیدا کرده بود : " پرزیدنتِ قَدَرقدر - ابوالحسن بنی صدر " که موردتصویب قرارنگرفت . زیرا شعارها باید اسلامی هم باشد . فراموش نمی کنیم که خمینی با شعار " اینست شعار ملی - خدا ، قرآن ، خمینی " به قدرت رسید .
یک شعار تا حالا موردتصویب کمیسیون - آن هم نه به اتفاق آراء - قرارگرفته : " اینست شعارقرآن - سیّد ابولحسنخان " که درموقع گفتن ، بایدروی " سیّد " ش خیلی زوربیاوریم . درهرصورت درانتظارجواب پرزیدنت هستیم که انشاءالله تغییرنام به " منتخب " را تصویب کنند . حُسن منتخب اینست که بالاخره بیشتراز " بنی صدر " قیافه دارد : تب - لب - رطب - حب - جلب وغیره ... یکی از پرکارترین کمیسیون های ما ، " کمیسیون پاسخ گوئی " به معاندین است . یک تصمیم بسیارمهم این کمیسیون اینست که به طورکلی آنچه را مردم ، درگذشته ، چه قبل از ریاست جمهوری وچه درزمان ریاست وچه بعدازآن ، ازدهن پرزیدنت درمجامع ومحافل وطی سخنرانی های ایشان شنیده اندومدرک کتبی آن موجودنیست ، به شیوه خودایشان ، ازبن وبیخ انکارکنیم .حتی آن حرف هائی که ایشان زده اندولی نوارضبط شده آن دراختیارجمهوری اسلامی و بیرون ازدسترس معاندین است ،فی المثل " تشعشع شهوت خیزموی زن " ، یا " ارتشیان تاکارکردستان را یکسره نکرده اند نباید پوتین ازپادرآورند" وامثال این هارا ، ازاصل منکرشویم وهرکس گفت می گوئیم مدرکت کو ؟

درموردریاست ایشان برشورای انقلاب که مورد بحث

معا ندین است ، وا زا عدا م‌های دسته‌جمعی وبی محاکمه مردم وا رتشیا ن که‌احکا م آ ن ها به‌تاء یید‌شورای انقلاب می رسیده انتقا دمی کنند ، چون دروا قعیت‌امرجای هیچ انکاری نمی ماند ، تصمیم برا ین شده‌است که‌بگوئیم پرزیدنت به‌علت عارضه مزمن با دنزله‌ٔ گوش‌که‌اززمان طفولیت ، برا ثرچا یما ن ملاج ، به‌آن مبتلابوده‌اند ، هنگا م انعقا دجلسا ت‌شورای انقلاب به‌تجویزپزشک در منزل استراحت می کرده‌اندودرجلسا تی هم که حضور دا شته‌اندبه‌تصورا ین که این احکا م‌مربوط به‌ارتقاء مقام یا افزایش‌حقوق با زنشستگی آ ن ها ست ، بی توجه ،تأیید کرده‌اندوا گرمعا ندین به‌ایرا دگیری ادا مه‌دهند ،آ ن ها را جا سوس امپریا لیسم‌وا مریکای جهانخوا رمعرفی کنیم‌وقبل ا زا نتخابا ت یک جلدا سنا دلانه‌ٔ جا سوسی متضمن اسم‌ورسم همه‌ٔ آ ن ها منتشرسا زیم .

اما مشکل ، مقالات‌وسخنرا نی ها وکتا ب ها ئی است‌که ایشا ن درزما ن ریا ست‌جمهوری ، شخصا " چا پ ومنتشر کرده‌اند ، مثل " صدمقا له‌بنی صدر" ویا " نفاق درقرآ ن" وغیره ، که کا ررا پیچیده‌ترمی کنند . برای آ ن ها هم پیشنها دها ئی ونظریا تی درکمیسیون مربوطه دردست بررسی است .

ازجمله یکی ا زهمکا را ن پیشنها دکرده‌که همه‌نسخه‌های این کتا ب ها را هرطورهست ، باکمک ما لی خودپرزیدنت ، بخریم ونا بودکنیم که‌طبیعی است این پیشنها د ،به‌علت اشکالات قا بل فهم ، ردخوا هدشد .

یکی دیگرا زا عضاء کمیسیون پیشنها د عنوا ن کردن غلط چا پی را درجلسهٔ سه‌روزپیش مطرح کرد .

برای مثال اظهار می کرد: آنجائی که آقای پرزیدنت مینویسند: " اما م روشنفکر واقعی"، بیائیم وقاطعانه بگوئیم غلط چاپی بوده و پرزیدنت گفته‌اند " آقا م روشنفکر واقعی "، که منظورشان مرحوم پدرشان، آیت الله حاج سید نصرالله بنی صدر، بوده است. ولی وقتی درجلسه کمیسیون به کتاب " نفاق درقرآن " صفحه ۱۵۱، مراجعه کردیم به سستی این پیشنهاد در این موردپی بردیم. زیرا ایشان عینا " مینویسند: " این است که امام خمینی روشنفکر واقعی، این پیام را داد که این رژیم باید برود" و مسلما "نمی توانیم بگوئیم " سیدنصرالله" درچاپخانه اشتباها " " خمینی " چاپ شده است. ولی راجع به " ولایت فقیه" که ما مجبوریم همصدا با خودآقای پرزیدنت اعلام کنیم که ایشان ولایت فقیه را قبول نداشته‌اند، کار به این سختی نیست. مثلا" آن جملاتی را که معاندین از سرمقاله شماره پنجشنبه ۱۳ دی ماه ۱۳۵۸ روزنامه " انقلاب اسلامی "، با امضای ایشان، عنوان می کنند، بالاخره می شود یک جوری رفع ورجوع کرد:

" سالی که نکوست از بهارش پیداست. جامعه‌ای که بی خط ها بخواهند رئیس و وزیرش باشندوای بر آن - ولایت فقیه را قبول ندارند، نمی خواهم در این جا پرده‌دری کنم که کسانی بودند که این ولایت را باطل می شمردند وچون می خواستندقبای ریاست برای خودبدوزندد وآتشه طرفدارشدند."

ملاحظه کنید اینجا را می توانیم با توسل به غلط چاپی به این صورت رفع ورجوع کنیم که در اصل بوده:

" ولایت فقیه را قبول دارند" و" کسانی بودندکه این ولایت را باطل نمی شمردند" خوب ، این ها غلط چاپی بوده که خالاتصحیح می کنیم . دارند" ندارند" شده و نمی شمردند "می شمردند" شده است .

البته یک مشکل بزرگ دیگرهم درپیش داریم که انشاء الله تعالی یک طوری حلش خواهیم کردوآن تفسیرپرزیدنت از آیه معروف ۳۴ سورهٔ نساء ومساٴله "اضربوهن "است که متاٴسفانه چون درصفحه ۳۳۶ کتاب " نفاق درقرآن"چاپ شده ،نمی توانیم به‌کلی زیرش بزنیم . معاندین این را دست گرفته اندکه چرا پرزیدنت ازاصلِ اضربوهن و"کتک‌زدن" زن با توسل به علوم‌وفنون دفاع کرده است :

" ... چون درطی قرون زن درموقعیت مادونی بوده و همیشه درحالت تحقیروتوسری خوربوده ، یک حالت بیم و ترس درا وهست واین حالت به‌صورت خشونت طلبی درمی‌آید وخشونت می طلبد ، این آیه درموردنشوزاست ونشوز ، به معنی نافرمانی است .اما نه به‌طورمطلق ، منظورازنشوز هما نطورکه امام خمینی تفسیرکرده ، نافرمانی جنسی است ـ نافرمانی دررختخواب ـ آن هم‌ممکن است درتمام مدت زندگی یک دفعه اتفاق بیفتدکه یک خشونت جزئی لازم داردا گرکفایت نکرد یک خشونتی می خواهدوموردش را روانپزشک یاحاکم شرع حل خواهدکردیا دکتربایدتشخیص بدهد ."

ما ، به‌لحاظ پیشگیری وآمادگی برای جوابگوئی ، با عده‌ای ازمعاندین ومخالفین ایشان به‌گفتگونشستیم . ایرادهای آن هادراین موردبه‌شرح زیراست :

اولاً این که می گویند: اگر زن خشونت جزئی می طلبد و درصورت عدم کفایت، خشونت بیشتری می خواهد، آیا مادام "تاچر" هم مشمول این حکم هست یا نه؟
(حتی در این زمینه، یک معاندهندی الاصل عیناً" پرسید: آیا بانوایندیراگاندی هم اضربوهن لازم هی‌هه؟)
ثانیاً" می گویند: اگر زن دررختخواب نافرمانی کرد، وسط شب مراجعه به روانپزشک یا حاکم شرع برای "تعیین مورد" چه صورتی پیدا می کند؟
ثالثاً"، اگر زن نخواست پیش روانپزشک یا حاکم شرع بیاید، آیا همانجا وفی المجلس باید ورا اضربوهن کرد یا نه؟
رابعاً" ایشان که موضوع را به نافرمانی جنسی یا "نافرمانی دررختخواب" محدود می کنند، بفرمایند که آیا دررختخواب مرد باید، برای عمل جنسی، به زن فرمان بدهد؟ فرمان خبردار، به چپ چپ، عقب گرد...

درمورد سئوال مربوط به مادام تاچر، یکی از اعضای کمیسیون را برای تحقیق از شوهرمادام تاچر به لندن اعزام کرده‌ایم. دربارهٔ خانم ایندیرا گاندی، از نظر بعد مسافت، تصمیم گرفته‌ایم قضیه را با هووجنجال بگذرانیم و لکه های موی سفید سراورا دلیل "اضربوهن" های شوهرش قلمداد کنیم و بگوئیم اگر قبول ندارید خودتان بروید هند تحقیق کنید.
درمورد مراجعه شبانه به روانپزشک و حاکم شرع هم فکر کرده‌ایم جواب بدهیم که درجمهوری دمکراتیک اسلامی، غیراز اورژانس روانپزشکی"، "حاکم شرع اورژانس" هم خواهیم داشت که برای تعیین مورد" اضربوهن" در

تمام ساعات شبانه روز به منزل خواهد آمد.
درزمینه "نافرمانی دررختخواب" چون خود آقای پرزیدنت مدتی فرمانده کل قوا بوده اند مساءله را با ایشان درمیان گذاشته ایم ومنتظر جواب هستیم.
ولی این نکته را هم باید به دوستان وعلاقه مندان ایشان یادآوری کنیم که حتی المقدور، دراین ایام ودراین آستانه انتخابات، از تماس پرزیدنت با مطبوعات بدون نظرما وسایر مشاوران، ممانعت کنند. مصاحبه اخیر پرزیدنت با مجله "آفریقای جوان" (شماره ۳۰ نوامبر ۸۳) مقداری برمشکلات ما، اعضاء دفترهماهنگی، افزوده است.
این مجله هربار با یکی از افراد سرشناس درباره کتاب، مصاحبه ای دارد که تحت عنوان "کتابخانهء ..." منتشر می کند. یکی از اولین سئوالات اینست: "آخرین کتابی که خوانده اید چه بود"، که معمولا" افراد زیک کتاب اسم می برند.
پرزیدنت که دیده اند - ودرست هم دیده اند - که در آستانه انتخابات خوب نیست فقط از یک کتاب اسم ببرند، جواب داده اند: "سی وچهار جلد کتاب اسناد لانهء جاسوسی امریکا"، که البته هرچند جواب خوبی بود ولی بنظرما، اعضاء دفتر هماهنگی، کافی نبود وبه ایشان پیشنهاد کردیم دفعه آینده دربرابر چنین سئوالی ازچهل وپنج جلد لغت نامه دهخدا هم اسم ببرند.
یک جای دیگر هم که ناچار شدیم به آقای پرزیدنت تذکر کوچکی بدهیم آنجائی بود که گفته بودند" من همه کتابهائی را که راجع به انقلاب های جهان معاصر، روس - ویتنام -

الجزایرنوشته‌شده‌خوانده‌ام وهمه‌نویسندگان بزرگ روسی ـ فرانسوی ـ انگلیسی ـ ایتالیائی ـ یونانی ـ آلمانی ـ امریکائی رابرای درک جهان غرب خوانده‌ام."
به‌ایشان تذکردادیم بااین که‌آنچه اسم برده‌اند از چندین هزارجلدتجاوزمی کندولی لازم بودازنویسندگان سوئدی ـ نروژی ـ فنلاندی ـ دانمارکی ـ هلندی ـ بلژیکی ـ اسپانیائی وچندتای دیگرهم اسم ببرند.
همین طور وقتی که‌درجواب سئوال :" به‌چند زبان می خوانید" پاسخ گفته‌اند: " به‌چهارزبان ، عربی ، فارسی ، فرانسه ، انگلیسی " که زبان های آلمانی ، روسی ، اسپانیائی راذکرنکرده‌اندواین امردرآستانه انتخابات به‌وجهه‌ایشان لطمه‌می زند.
دراین زمینه به‌معاندینی هم‌که‌سخن گفتن ایشان به زبان فرانسه رادرراديوشنيده‌اندوایرادهای بیجائی می گیرند، جواب داده‌ایم :" مگرپرزیدنت عیدی امین دادا، فرانسه‌می دانست یا مگرامپراطوربوکاسای اول انگلیسی می دانست ؟
اما آنجائی که گفته‌اند:
" درگذشته هم‌عطش خواندن داشتم، یادم‌می آید دردوران ملی کردن نفت با مصدق ،که‌خیلی دوستش داشتم، قرارداد اجتماعی ژان ژاک روسو راخواندم"، خانمی ازطرفداران مصدق قال ومقال کردکه وقتی ایشان درمصاحبه می‌گویند " با مصدق " ، منظورشان اینست که‌ملی کردن نفت‌کار مشترک مصدق وپرزیدنت بنی صدربوده‌است .
که‌البته ما ، اعضاء دفترهماهنگی،به‌اوثابت‌کردیم که پرزیدنت حق دارندومصدق قسمت پیدای کوه‌یخ شناوربوده

وپرزیدنت قسمت نا پیدای آن . وچون متقاعدنشد ، زن هم بود ، این سماجت اورا به اتفاق آراء نوعی نافرمانی جنسی تلقی کردیم وبه‌فتوای خودپرزیدنت ، براساس آیه ۳۴ سورهٔ نساء با برهان " اضربوهن " وی را ساکت کردیم.
وچون موقع بیرون رفتن قرولندمی کردکه شما متملقین کاری می کنیدکه عاقبت پرزیدنت بگوید : یادم می آید وقتی دردوران نوشتن قراردادجتماعی با ژان ژاک روسو ..."
مهلت بیشترنداديم‌ویک باردیگربه‌وسیله‌یک "اضربوهن" جانانه ، اورا به راه‌راست هدایت کردیم .

تنها یک جای این مصاحبه کارما را مشکل کردوآن جائی بودکه‌پرزیدنت ازکتابی یادمی کنندکه‌اسم‌نویسنده‌اش رانمی دانندومصاحبه‌گرفضولی می کند :
" اگرنویسنده‌را نمی شناسیدپس چطورکتاب را انتخاب می کنید؟" والبته پرزیدنت توضیح می دهند :
" من کتاب را برای مطلبش می‌خوانم . من آثار نویسندگان بزرگ جهان را می شناسم ولی اسامی‌شان ..."
این موضوع درجلسه‌باعث‌کمی سروصداشد .بعضی حق را به مصاحبه‌گروبعضی به‌پرزیدنت می دادند . بندهٔ ناچیزبا یادآوری شاهدمثالی ازیکی ازشعرای معاصر ، زبان مخالفخوانان را بستم :
سال ها پیش درتهران شاعری داشتیم به‌نام‌آقای آل رسول ، که‌فقط تک بیت می گفت ومعتقدبود خیام که رباعی ساخته درکلام‌اسراف کرده‌ویک بیت برای رساندن عالی ترین معانی ومضامین کافی است .این شاعر بزرگوار بین بروبچه‌ها به‌آقای " اگرچه " معروف شده‌بود .

چون غالب ابیاتش با " اگرچه " شروع می شد.
مثلا" :

اگرچه مرغ ضعیف دلم نه لایق تست به تیر مژه تیزت شکار باید شد.

یا این که وقتی خدمت وظیفه را در کرمانشاه انجام می داد، یک روز یک سگی پای تیمسار شاهرخی فرمانده لشکر را گرفت. آقای آل رسول بیتی ساخت که روز بعد در سربازخانه جلوی صف و در حضور تیمسار، خواند:

اگرچه کلب گرفت و فشرد پای شما را چه خوب شد که نباید گرفت عزای شما را

که بسیار مورد پسند و تشویق تیمسار قرار گرفت و به عنوان پاداش یک ماه مرخصی به او دادند. البته این ها مقدمه بود. آقای آل رسول یک وقتی به برکت این سخندانی رئیس رادیو اصفهان شد. در برنامه ادبی رادیو که خودش تصدی می کرد، مسابقه ای ترتیب داد به این مضمون که:
" علم بهتر است یا کتاب "
و بعد از بررسی همه جواب ها، جایزهٔ مسابقه به خود او تعلق گرفت.
جوابش تنها یک بیت بود:
اگرچه در همه عمرم کتاب ها خواندم ولیک مقصد من درک مطلبش می بود

با این سند معتبر تاریخی، که نشان می دهد شاعران و دانشمندان دیگری هم بوده اند که کتاب را برای مطلبش می خوانده اند، حاضران در جلسه تصدیق کردند که حق با پرزیدنت سید ابوالحسنخان بوده است و ایشان اگرچه کتاب های بسیار خوانده اند ولی، از آن جا که مقصدشان درک مطلبش می بوده، ضرورتی نداشته که اسم نویسنده

را بدا نند .

بهرحال شما را درجریان فعا لیت های دفترهما هنگی بیــن رئیس جمهور ومردم خواهیم گذا شت .

دبیردفترهما هنگی

(۱۸ آ ذر ۱۳۶۲)

سیدابوالحسنخان و ... برادران

عرض کردم که ما برای تجدیدانتخاب پرزیدنت سید ابوالحسنخان ، که دورهٔ چهارسالهٔ ریاست جمهوری شان روز ۵ بهمن ۱۳۶۲ پایان می گیرد ، دفترهماهنگی بین رئیس جمهورومردم تشکیل داده ایم وسخت مشغول فعالیت هستیم .ولی مرتبا " ازاین طرف وآن طرف درکارما ، وطفلک پرزیدنتِ ما ، سابوتاژمی شود. البته یک مقدار زیادی هم تقصیرخودشان است .درواقع اولین خرابکار خودایشان هستند. گاهی طوری کارهای بچه‌گانه می کنند که ذهن آدم خواه ناخواه پیش حرف آن معاندینی می رود که می گویندا صولا" پرزیدنت یک " بچهٔ بزرگ " یا به عبارت دیگریک " بچه پرزیدنت " است .

درست سرِبزنگاه ، وقتی همه باخون دل خوردن ، دارند اوضاع واحوال رابرای تجدیدانتخاب ۱۱ میلیونی ایشان جورمی کنند ، یک باره هوس حرف زدن بسرشان می افتد و همهٔ رشته ها راپنبه می کنند .

یادمرحوم آسیدحسن عالمیان می افتم که هرچه خاک آن مرحوم است عمراین پرزیدنت باشد. آن وقت هاکه بنده عدلیه‌چی بودم ، سعادت دیدارآسیدحسن ودوبرادرش را

پیدا کردم. کار این سه برادرفروش مال غیربود: یک خانه ای راکه صاحبش درسفربود، دیدمی زدند. نوکرخانه را به وعده و وعید باخودشان همدست می کردند. آن وقت، درحول وحوش بنگاه های معاملات ملکی یک طالب خرید مسکن را به تورمی انداختند.

موقع نشان دادن خانه آسیدحسن، برادربزرگ تر، به عنوان صاحبخانه، درخانه اطراق می کردودوبرادر در کسوت دلال، خریدار را پیش او می بردند. چون قیمت ارزانی مطالبه می کردند، قول وقرار معامله فوری گذاشته می شد. روزبعدخریدار باعجله وباپول نقد می آمدوخانه را قولنامه می کردوتا پایش را بیرون می گذاشت، آسیدحسن وبرادران به اتفاق مستخدم خانه، باپول پیش قسط، درطبیعت گم می شدند.

مدت ها بود پلیس وعدلیه درتعقیبشان بودند، تا عاقبت یک روزدمشان لای تله گیرکردوآن روز، روزی بودکه می خواستندخانهٔ امین التجار اصفهانی، درخیابان دروازه شمیران، را به همین نحوقولنامه کنند. وقتی گیرافتادندآنقدردلیل علیه شان بودکه نتوانستندانکار کنند. آسیدحسن با یک ته ریش ومختصرشکمی، قیافه موجه و موقری داشت. فقط حرف "ر" رانمی توانست تلفظ کند و "ل" تلفظ می کرد. مدام تکرارمی کرد: بنده بی تقصیلم، این هافلیبم دادند."

موقع روٴیت قراروجه الکفاله، ناگهان دوبرادربه جان آسیدحسن افتادندو، تازنگ زدیم وپاسبان های بیرون دروارد شدند، به میزان معتنابهی، توسری وپس گردنی ومشت ولگدبه برادربزرگ ترخودزدند. چون آسیدحسن

از "بلادر" ها یش بخاطر اینکه "ضلب" شکایت داشت و جیغ وداد می کرد، اورا بیرون فرستادم وبه برادران گفتم: آقایان، این چه حرکتی بود کردید، آن هم نسبت به برادر بزرگ تان؟ یکی از برادران که از فرط خشم هنوز کف به دهن داشت فریاد زد:

- آخه، آقای رئیس، باعث بدبختی ما همین برادر نابرادر بود: فکرش را بکنید کار تمام شده، خریدار خانه را دیده، پسندیده، پنجاه هزار تومن پول نقد آورده... درست سربزنگاه، موقع امضای قولنامه، این خروس بی محل درآمده به خریدار میگه: "خیر شو ببینی، خونهٔ ملغوبی است، قنات آب سلدارهم از توحیاطش لدمیشه"... آخه، مرد حسابی، آب سردار کجا دروازه شمرون کجا؟ با زاگرمی گفت آب حاج علیرضا یک چیزی! مشتری هم یک دفعه به صرافت افتاد که قنات کجاست؟ قناتی که درکار نبود، ماست مالی ماهم نگرفت که نگرفت. مشتری گفت تا فردا بازفکرکنم. راهش را کشید و رفت. ما هم تا آمدیم به خودمان بجنبیم، با آجان آمد بالای سرمان... بگو مرد ریش سفید، نمی توانستی یک دقیقه جلوی زبان شُل شلیت را نگه داری؟

حالا دوراز تشبیه - نقل این آقای پرزیدنت است، که برادران شورای مقاومت زحمت می کشند و با حل بزرگترین مشکل تاریخی مملکت، با مشقت های شبانه روزی هفت ماهه راه انتخاب مجدد ایشان را هموار می کنند، از طرفی ما با هزار زحمت یک عده سمپاتیزان جمع می کنیم، درست همین موقع وقتی دارد معامله جوش می خورد، درآستانه انتخابات، پرزیدنت، برای این که حرفی زده باشند، با

مسئول اول ومسئول دوم وخلاصه همه مسئول های شورای مقاومت، سرهیچ وپوچ درمی افتندوبیست ویک رای را ازدست می دهند.

موضوع راحتما" می دانید. برادرمسعودرجوی مسئول اول، باسروصدا وطبل ونقاره اعلام کردکه بله، ما بعداز قرن ها انتظاروبا هفت ماه زحمت شبانه روزی، مسئله کردستان راحل کردیم. اعضاء شورای مقاومت هم دست افشانی وپا یکوبی کردند، نقل وآجیل قسمت کردندوبه هم تبریک گفتندکه مژده بدهید: مشکل " رفع ستم مضاعف ازملّیت کرد" که ازدوران های دورتاریخ لاینحل مانده بودبه‌کفّ باکفایت مسئول اول وسایرمسئولین، حتی با حال سرماخوردگی وزکام وسردردوبی خوابی حل شد و خودمختاری ملیت ستم مضاعف دیده‌ء کرد، باطرح تاریخی ماتاءمین شدومضافا" به‌اینکه:

" این خوددلیل بسیارقاطع‌دیگری براین حقیقت است‌که این شوراتنهاجانشین دمکراتیک ولایق وقدرتمندبرای رژیم خون‌آشام‌خمینی است."

بعدهم آنقدرهای وهوی کردندوپیام تبریک وتهنیت وشادباش برای یک دیگرفرستادند، که‌آقای پرزیدنت سیدابوالحسنخان هم خام شدند. خیال کردند راستی راستی اتفاقی افتاده وآش وحلوائی قسمت می کنند. یک باره جوش‌آوردند: که‌پس من چی ؟ چندروزبعد داد و قالشان درروزنامه" انقلاب‌اسلامی درهجرت" به‌آسمان رفت. درسرمقاله این روزنامه‌زیرعنوان" پیش‌ازتجربه وپس‌ازتجربه" کولاک کردندکه مگرخواب بودیدیا نابینا و

ندیده‌اید که من، شخص من، در ۳۱ تیرماه ۱۳۵۸ همین حرف‌ها را زده بودم، این طرح خودمختاری کردستان همان طرح من است که در سرمقاله‌ٔ "انقلاب اسلامی" شرح داده بودم و حالا شما به اسم خودتان در می‌کنید.

ملاحظه می‌فرمائید که این جوشی شدن بی موقع پرزیدنت چطور چوب لای چرخ دفتر هماهنگی بین رئیس جمهور و مردم می‌گذارد. وقتی آقای پرزیدنت بی ملاحظه و بی موقع مسأله کردستان و طرح خودمختاری را، آن هم با استناد به سرمقاله‌ٔ "انقلاب اسلامی"، مطرح می‌کنند، مردم با زبه صرافت می‌افتند که بروند سرمقاله‌های گذشته ایشان و همچنین اظهاراتشان درباره "تحریم پوتین کندن سربازان قبل از یکسره شدن کار کردستان"، و امثال این‌ها را دوباره بخوانند و این، کلی از گوشه ۱۱ میلیون ما را می‌ساید.

البته ما نمی‌خواهیم بگوئیم آقای پرزیدنت حق نداشتند جوشی بشوند. چرا، حق داشتند ولی موقعش نبود. حق داشتند، چون آقای رجوی مسئول اول در پی پیام مربوط به تصویب طرح خودمختاری کردستان، مندرج در شماره‌ٔ ۱۷۷ روزنامه "مجاهد" و بعد از ایشان دوستانشان در شماره‌های بعد این روزنامه، چند "نارو" به پرزیدنت زده‌اند و به قول بچه‌های تهران، چند "قلیچ کاری" در حق ایشان کرده‌اند.

مقدمتا "در تمام نوشته‌های خودکلا" از ایشان به نام آقای بنی صدر، بدون عنوان رئیس جمهوری منتخب یاد کرده‌اند و بعد:

اولا" آقای مسئول اول، در شماره ۱۷۷ مجاهد، می‌نویسد

که شورای مقاومت ملی " برای نخستین بار در طول تاریخ ایران برسر یکی از بغرنج ترین مسائل کشور یعنی مسئله خودمختاری کردستان " به توافق رسیده است. خوب، این جا واقعا " برای آقای پرزیدنت، که می گویند من چهار سال پیش به این توافق رسیده بودم، جای دلخوری هست. مثل اینست که امروز یکی بیاید بگوید" قبله نمای رزم آرا " را من برای نخستین بار اختراع کردم، فکر کنید به آقای رزم آرا چه حالی دست می دهد!

ثانیا " مینویسند که این طرح " دلیل بسیار قاطع دیگری بر این حقیقت است که این شورا تنها جانشین دمکراتیک ولایق وقدرتمند برای رژیم خون آشام خمینی است " که در این صورت آقای پرزیدنت حق دارند بگویند چطور طرح من که در سال ۱۳۵۸ درباره آن به توافق رسیده بودم، دلیل بسیار قاطع حقانیت من به جانشینی دمکراتیک ولایق وقدرتمند برای رژیم خون آشام خمینی نبود، که شما آمدید خودتان را در مقابل من کاندیدای ریاست جمهوری کردید؟ بله؟

ثالثا " مسئول اول در همان مقاله مینویسد:

" بخصوص باید از زحمات اعضاء کمیسیون خودمختاری شورای مقاومت، آقایان هدایت الله متین دفتری، دکتر ناصر پاکدامن، کاک طیفور بطحائی، ک. فرهاد، مهندس محمود عضدانلو و یکی دیگر از اعضاء شورا که بنا به ملاحظات امنیتی نخواستند نامشان اعلام شود، تقدیر نمود"

خوب، این وسط آقای پرزیدنت چه شدند؟ واقعا " حق دارند اوقات تلخی کنند. حتی از کسی که نمی خواهد اسمش به ملاحظات امنیتی فاش شود تقدیر و تشکر می شود ولی

ا زپرزیدنت هیچی ! توگوئی پرزیدنت هرگزنبود . پس آقای پرزیدنت را برای دکوروزینت مجلس آنجا برده بودند؟

حالا ازاین بدترش راهم داریم .کمی بعد، برادرمجاهد مهدی ابریشمچی،" قلیچ کاری " درحق پرزیدنت را ازاین حدهم می گذرانند. درشماره ۱۷۹ " مجاهد" موضوع " حق وتو" را " درموردا ین تصمیم تاریخی رفع ستم مضاعف " ، رومی کند. عینا " می نویسد :
" درهای شورای ملی مقاومت به روی همه ی جریانات و نیروهای سیاسی پای بندبه آزادی واستقلال کشورباز است ودرکلیه تصمیم گیری ها نیزازحق وتوی متساوی برخوردارند. شخصیت های منفردسیاسی نیز درشورای مقاومت جای خودرادارندودارای یک رای (بدون حق وتو) می باشند." این راکم وبیش همه می دانستند که آقایان اعضاء شوراچون هرکدامخودشان رانماینده چند نفری معرفی کرده اندحق وتودارند،ولی به پرزیدنت ابوالحسنخان غریب وبی کس ما ، به عنوان یک شخصیت منفردسیاسی فقط حق رای بدون حق وتوداده اند. یعنی : سه چهارنفرطرفدارهرکدامحساب ... ولی ۱۱ میلیون طرفدار پرزیدنت بی حساب ! ...
به قرار اطلاع ، این امرازاول کارموجب دلخوری های بسیاری می شد. تا عاقبت آقای پرزیدنت را با این استدلال که : " شما رئیس جمهوری هستیدودرشاءن شما نیست که حق وتوداشته باشید"،متقاعدکردند. ولی قرار براین بوده که موضوع بین خودشان بماندوکسی ازاین حق محرومیت ازوتوی پرزیدنت باخبرنشود. حالا روی لج و

لج بازی، برادرابریشمچی این موضوع راکه‌باحیثیت و اعتبار ۱۱ میلیونی آقای پرزیدنت بستگی دارد علنی‌کرده است. کاش دهن کجی به‌پرزیدنت همین جاتمام می شد. نخیر، کاربیخ دارد. برادرابریشمچی، انگارنه‌انگار که‌پرزیدنتی هم درکاربوده ـ آنچنان تجلیلی اززحمات برادرمسعودرجوی دراین تنظیم طرح خودمختاری می کند که سعدابن ابی وقاص، بعدازفتح خیبر، ازرسول خدا نکرد. عینا" می نویسد:" حتی دریکی ازحساس ترین مقاطع بحث هایمان به‌عینه‌شاهدبودم که‌روزهای متوالی، درعین سردردوسرماخوردگی شدید، هیچیک ازملاقات‌ها و برنامه‌های فوق العاده راقطع نکردودریکی ازهمین روزها تقریبا" بایک دوجین قرص خودرابرای به‌پایان رساندن بحث ها سرپا نگه‌داشت."

اسم این راچه‌می شودگذاشت؟ جزخاک پاشیدن توی چشم پرزیدنت سیدابوالحسنخان؟ ازدوحال خارج نیست: یا می خواهند بگویندپرزیدنت پوست کلفت هستند وبه سرماخوردگی وزکام مبتلانمی شوندکه‌احتیاج به‌قرص‌خوردن پیداکنند، یااین که‌می خواهندبفهمانندپرزیدنت کار مهمی نمی کردندکه‌سردردبگیرند، اول شب می رفتند شامشان رامیل می کردندومی خوابیدند.

درحالیکه‌ما اطلاع موثق داریم که‌پرزیدنت درموقع تشکیل جلسات یک ناراحتی خیلی بدتروردردناک تر از کسالت مسئول اول داشتند به‌طوریکه نمی توانستند بنشینند. درواقع قربانی ستم‌مضاعف‌شخص ایشان بوده‌اند که‌علیرغم رنج نشستن، نشسته‌اندوشاهد سرقت نبوغ فکری خودبوده‌اند.

نتیجه این خاک به چشم پاشیدن ها و این قلیچ کاری ها چه شده؟ پرزیدنت آنقدر از کوره در رفته اند که رودروایسی را کنار گذاشته و توپ را بسته اند به قلب شورای آقایان.
در مقاله "پیش و پس از تجربه" شماره ۶۰ روزنامه "انقلاب اسلامی در هجرت" بعد از ذکر جزئیات طرح پرزیدنتی ۳۱ تیر ۱۳۵۸، و مقایسه با طرح خودمختاری آبان ۱۳۶۲ شورای مقاومت، خطاب به آقایان، عینا" مینویسند:

" باری این مقام، مقام مقایسه این دو طرح نیست و بر آن نیستیم که بپرسیم وقتی در بهار آزادی، آمادگی برای خودمختاری با همین محتوی (اگرنه بیشتر) وجود داشت، چرا خود و ملتی را به تجربه ای چنان پرمخاطره و خونین و ویرانگر کشاندید؟"
و بعد، در همین مقاله برای این که خیال رقیبان را، که خود را تنها آلترناتیو مقتدر و محترم و لایق رژیم خمینی می نامند راحت کرده باشند، باز موضوع انتخاب خویش به ریاست جمهوری در ۵ بهمن ۵۸ و کودتای خزنده علیه رئیس جمهوری را - هرچند مربوط به موضوع نیست - به بهانه ای مطرح می کنند. یعنی روی تان را کم کنید، رئیس جمهوری منتخب مردم و آلترناتیو لایق و محترم و مقتدر منم. حالا شما هی طرح بدهید و هی به هم تعارف کنید و تبریک بگوئید. مینویسند:

" مردم با انقلاب بزرگی که دوران جدیدی در جهان پدید آورده است و با رائی که در ۱۲ فروردین و ۵ بهمن ۱۳۵۸ داده و با استقامت خونینی که از کودتای خرداد ۱۳۶۰ بدینسو به عمل آورده انتخاب قطعی خویش را انجام

داده‌اند."

خوب، ما نمی‌توانیم حق را به آقای پرزیدنت سید ابوالحسن‌خان ندهیم. جوابِ های هوی است. وقتی آن‌ها این جور به ریشه می زنند پرزیدنت هم لال نیستند، باید جواب شان را بدهند. در اصل مسئله هیچ حرفی نیست. اما بجا بود ایشان که از انتخابات ۵ بهمن ۱۳۵۸ یاد می کنند، از خاطر نمی بردند که چیزی تا ۵ بهمن نداریم. چهار سال دوره‌ٔ ریاست جمهوری شان تمام می شود. باید به فکر آینده بود. وقتی این طور اعضاء شورای مقاومت را از خودشان می رنجانند، ما رای کافی برای انتخاب مجدد ایشان از کجا بیاوریم؟

این جا ناچارم یک پرونده سرّی را باز کنم.
محاسبات کمیسیونِ شمارش آراء ما به شرح زیر بود:
ما، اعضاء دفتر هماهنگی بین رئیس جمهور و مردم، جمعاً هفت نفریم و تا کنون موفق شده‌ایم سیزده نفر سمپاتیزان را، با وعده و وعید پست و مقام، آماده رای دادن کنیم.. این می شود جمعاً "۲۰ رای. از طرف دیگر امیدوار بودیم اعضاء شورای مقاومت هم که بیست و یک نفر هستند، بتوانند ۶۹ نفر سمپاتیزان در داخل و خارج کشور پیدا کنند که جمعاً " ۱۱۰ نفر بشویم و هر کدام به نمایندگی از طرف ۱۰۰ هزار نفر جمعیت، به پرزیدنت رای بدهیم که حساب ۱۱ میلیون سر راست بشود.
ملاحظه میفرمایند که پرزیدنت با این دعوا مرافعه بر سر هیچ و پوچ چه لطمه‌ای به کار ما زده‌اند! ۹ میلیون رای را به یک فوتی دارند هدر می دهند. هرچند نا امید نیستیم. چند نفر ریش سفید را جلوانداخته‌ایم که پرزیدنت و مسئول

اول ومسئول دوم وسایر مسئولین را به یک ناهار چلوکباب دعوت کنند و وادارشان سازند که روی یکدیگر را ببوسند و فعلاً آشتی کنند. بعداز ۵ بهمن هرقدر دلشان خواست سر آلترناتیو دمکراتیک ولایق ومحترم ومقتدر به سر و روی هم بزنند.

ولی ما، اعضاء دفتر هماهنگی رئیس جمهور ومردم، بیدی نیستیم که از این بادها بلرزیم. کمیسیون های ما شبانه روز، حتی درحال زکام وسرماخوردگی، مشغول کارهستند ونتایج قابل توجهی بدست آورده ایم. برای نمونه، دوهفته پیش کمیسیون "شایعات" ماشایعهٔ توطئهٔ دزدیدن پرزیدنت ازطرف ایادی پدرخمینی را، درشهرمنتشرکرد وتاکتیک به حدی موفقیت آمیز بودکه مجله فرانسوی "لوپوان" خبر آن را با عکس پرزیدنت، درشماره ۱۵ - ۳ ژانویه ۸۴، منتشرکرد. ازطرف دیگرکمیسیون انتشارات ما متن آگهی راکه ازطرف ایشان برای اطلاع شعب اخذ رای باید درجراید منتشرشود، به شرح زیرتصویب کرده است:

تذکر

کلیهٔ آرائی که به نام: دکترسیدابوالحسن بنی صدر- سیدابوالحسن بنی صدر- ابوالحسن بنی صدر- بنی‌صدری- صدری - استاددکتربنی صدر- ابول بنی صدر- بنی صدر مطلق - ابوالحسن مطلق - سیدابوالحسن مطلق - دکتر مطلق - بوالحسن مطلق - ابول مطلق - پرزیدنت سید ابوالحسنخان - پرزیدنت سیدابول - رئیس جمهوری منتخب - منتخب - انتخابی،

به صندوق آراء ریخته شود، مربوط به اینجانب دکترسید

ابوالحسن بنی صدر رئیس جمهور منتخب مردم ایران است.
ضمنا "کمیسیون تبریکات ما، تهنیت نامه‌ای را که باید بلافاصله پس از اعلام نتیجه انتخابات منتشر شود، آماده کرده است. و برای این که برادران شورای ملی مقاومت هم متن را کاملا" بگیرند، این متن با واژه‌های قابل فهم برای ایشان تنظیم شده است.

تبریک

در این هنگام که دستاوردهای شکوهمند انقلاب مردمی مان درمعرض یورش بی امان امپریالیسم منحط قرار گرفته و استعمار هزار چهره از پس نقاب یزید زمان، با اتیکت افسونساز اسلام دروغینش، ارزشهای انقلابی تشیع سرخ را درمعرض تحریف و نابودی قرار داده است، شادیم که آفرینش های بارورنهادهای خلقی، برغم کارشکنی عبوس اندیشان کژآهنگ و تمهیدات یگانگی شکنِ عروسک های بورژوازی التقاطی، دست تطاول گرا ستثمار زخم‌خورده را، درامتداد خطوط انقلابی ویکتاگرایانه، از دامن خلق های رزمنده کوتاه کرد و مردی را به عظمت یکباور و استواری یک پندار، متعهد به اسلام راستین و دمکراسی توحیدی، براریکه توانائی مردمی نشاند.
مقدمش گرامی و توانش توانا تر!

(۳۰ دی ۱۳۶۲)

پرزیدنت

اُرنات پرزیدنت؟

مسئله اینست!

بمناسبت ۲۲ بهمن ، روزنامه‌ها ورادیوهای فرانسه سئوال وجواب‌هائی با مخالفان خمینی ترتیب دادند . ازجمله رادیو " فرانس انیتر" مصاحبه‌ای با پرزیدنت سیدابوالحسنخان کرد.

بعدازمدتها صدا وسخن ایشان را شنیدم . احساس غرور کردم ، احساس غرورازاین که فرمایشات ایشان را فهمیدم . درتمام ممالک فرانسوی زبان بنده‌ٔ ناچیز ، که هیچ به‌چشمتان نمی آیم ، جزء نادرافرادی هستم که وقتی پرزیدنت به‌زبان فرانسه حرف می زنندمی فهمم‌چه می گویند. فهمیدن زبان فرانسه ، بدون آرتیکل ، کارهرکسی نیست . این زبان از قضا یک طوری است که بدون این آرتیکل های " لو " و" لا " برای " پی یرلاروس" جنت مکان هم مفهوم نیست . ومیدانیم که پرزیدنت سیدابوالحسنخان ـ مثل‌آن پسرعموی‌خدا بیامرز ما ، که‌دررانندگی چندان اعتقادی به‌کلاج‌گرفتن‌نداشت ـ عقیده‌زیادی به‌آرتیکل های زبان فرانسه ندارند.

بهرحال بنده این ادعا را دارم که مقصودآقای پرزیدنت را ، حتی وقتی به‌زبان فرانسه بیان می کنند،می فهمم

وموضوع را نبایددست کم بگیرید. روی پرزیدنت کار کرده‌ام، زحمت کشیده‌ام ودودچراغ خورده‌ام. رفیقِ روزنامه‌نگارفرانسوی ام که پیش من بودوصحبت های پرزیدنت را می شنیدونمی فهمید، خیلی التماس و درخواست کردکه پرزیدنت چه‌گفتند، ابدا" بروز ندادم. نه به سبب بدجنسی وانحصارطلبی، بلکه برای آبروداری ... آخر، آقای پرزیدنت می گفتند: من اولین کسی هستم که درتاریخ ایران ازطرف ملت انتخاب شده است. درواقع بازمساءله " منتخبِ ۱۱ میلیون نفر" را به‌زبان " بی زبانی" مطرح می کردند.

اگرموضوع را برای این فرنگی ترجمه می کردم، با آن کنجکاوی وسماجت روزنامه‌نگاری، احتمالا"می پرسید: چطورشدکه‌آقای پرزیدنت، پرزیدنت شدند؟

آیا قبل ازمهاجرت به فرنگ، مثل " لئون بلوم"، رهبر یک حزب بزرگ بودندکه درمراجعت ازاردوگاه اسارت آلمانی ها دوباره معتقدان پراکنده دورش جمع بشوند؟

آیا شخصیت برجسته ومشهوری مثل ویکتورهوگوبودندکه بعد ازبازگشت ازتبعید۱۸ ساله تمام مردم به پایش گل بریزند؟

آیا ازنسل بزرگان وسرداران بودندکه مثل ناپلئون سوم نان شهرت عمورا بخورند؟ اگرمی پرسید چه می توانستم جواب بدهم؟

ناچاربایستی - براساس اعتقادخودپرزیدنت - می گفتم سخنرانی های ایشان درماه رمضان درمسجدتوت قمی های همدان ومسجدمهدیهٔ تهران ومسجدامیرالموٴمنین مهرآبادجنوبی، موجب شدکه ۱۱ میلیون ایرانی شیفته

ومریدایشان بشوند. که دراین صورت باز احتمالاً،
می پرسید: آیت الله خمینی این وسط چه کاره بوده است؟
وازطرفی اگرقرار با شدشوروشوق مستمعین وعظ وخطابهٔ
چندمسجد، ۱۱ میلیون رای دهنده را دنبال خودبکشد و
واعظ را رئیس جمهورکنند، فلسفی واعظ باید تا حالا سه
دوره به ،ریاست جمهوری اسلامی که سهل است، به ریاست
جمهوری ایالات متحده امریکا رسیده باشد. ازطرفی پس
چراآقای پرزیدنت ۱۵ میلیون رای جانشین کنونی
خود، خامنه ای را قبول ندارند؟ خامنه ای که هرچه نباشد،
" مسجدباز" تر ازآقای پرزیدنت است. اگرایشان
آخوندزادهٔ آخوندمنش هستند، خامنه ای آخوندِآخوندزادهٔ
آخوندمنش است.

می بینیدکه حق داشتم برای آبروداری جلوی خارجی
صحبت های ایشان را ترجمه نکنم.
امامقارن همین احوال درروزنامه مجاهدشماره ۲۰ بهمن
۶۲، چشمم به پیام پرزیدنت سیدابوالحسنخان، به
مناسبت ۵ بهمن انتخاب ۱۱ میلیونی، افتاد.
روزنامه مجاهد بالای پیام، باحروف مفلوکی تیتر
زده بود:" پیام آقای بنی صدربه مردم ایران".
تن ارادتمندان ایشان لرزید. قال ومقال غریبی شد.
ازعنوان:" دکترسیدابوالحسن بنی صدررئیس جمهوری
منتخب ملت ایران " فقط وفقط مانده بود: آقای
بنی صدر ...

خیلی ها این سرودُم بریدگی پرزیدنت رازیرسرِبندهٔ
ناچیزدیدند. معتقدبودندکه پرزیدنت سیدابوالحسنخان
خیزبرداشته بودبرای پرزیدنتی مادام العمر،ومی‌گفتند

ازبس توقرزدی طفلک ازرورفت وخودش راکنارکشید.
باید به دوستان عرض کنم که نترسید!
اولاً - ایشانی که من می شناسم ازرو برونیستند.
ثانیاً - ازجهت سلب عنوان سیدابوالحسنخان زیاد ناراحت نباشند. برای اینکه - مثل خدابیامرز سرهنگ فتحعلی خان - موضوع رابه کمک خویشان و بستگان فوری رفع ورجوع کرده اند.
سرهنگ فتحعلی خان، همسایه دیوار به دیوارما، به علت ناخنکی که زمان رضاشاه به علیق قشون زده بود، اخراجش کرده بودند. خودش دیگرجرئت نمی کردادعای درجه ولقب سرهنگی بکند، اما به زن وبچه وعروس ودامادسپرده بودکه عنوانش راهیچ وقت ازقلم نیندازند.
تاآنجاکه زنش، زرین تاج خانم، که پیشترها به او " فَتّل "می گفت، توی خانه به صدای بلند" سرهنگ" صدایش می کرد :
- سرهنگ، بیاپائین شام حاضره ... سرهنگ ترشی نخور برای سینه ات بده ...
حالا آقای سیدابوالحسنخان ماهم که به ظاهر کوتاه آمده اند، به نزدیکان سپرده اند که عنوان رئیس جمهوری وپرزیدنتی رافراموش نکنند.
اولاً" خود ایشان، یواشکی وته پیام عنوان" منتخب شما" راازنوچسبانده اند.
منتخب شما یعنی چه؟ اگررئیس جمهورنیستند، پس " منتخب " دیگرچه صیغه ای می تواندباشد؟منتخب، یارئیس جمهورمنتخب است، یاوکیل منتخب، یاعضو شورای شهرمنتخب، یاقهرمان زیبائی اندام منتخب ...

که پیدا ست منظورشا ن کدا م ا ست .
ا زطرفی ، ومهمترا زآن ، تو پیا م ، آقای مسعودرجوی ، به تفسیرپیا م پرداخته و " آقای بنی صدر" را دوبا ره برمسندریا ست جمهوری نشا نده است : بعد از امضاء " منتخب شما ابوالحسن بنی صدر" ،یک عنوا ن درشت می بینیم :

" توضیحا ت برا درمجا هدمسعودرجوی "

درا ین توضیحا ت ، آقای رجوی درواقع بی رودروا یسی و بی ابهام می گوید که آقای پرزیدنت اگر به ملاحظا تی گفته اند دیگررئیس جمهورنیستند ، بیخودگفته اند ودرواقع شوخی کرده اند . بدلیل این که ما ، اجزای شورای مقا ومت ریا ست جمهوری دمکرا تیک اسلامی را به عهده ایشا ن گذا شته ایم .
ودرپا یا ن توضیحا ت می افزا ید :
" اضافه می کنم که طی گفتگوی حضوری ، آقای بنی صدر با توجه به موا ردیا دشده ازبرنا مه شورای ملی مقا ومت ، تاءکید کردندکه اگرچه بنا به دلائلی که درپیا م خود گفته اند شخصا " لازم شمردندکه ازاین پس عنوا ن رئیس جمهوررا به کا رنبرند ، اما درتعهدات وموقعیتشا ن نسبت به شورای ملی مقا ومت ، هیچ گونه تغییری ایجا دنشده وعنوا ن " ریا ست جمهوری دمکرا تیک اسلامی ایرا ن " نیز پس ازاستقرا ردولت موقت درخا ک کشور ، وجه حقوقی پیدا خوا هدکرد .ـ مسئول شورای ملی مقا وامت مسعودرجوی "

با این ترتیب به احتما ل قوی خا نم بنی صدرهم ، به سبک زرین تا ج خا نم متعلقهء سرهنگ فتحعلی خا ن ،

ایشان را درمنزل ،به‌جای " ابوالحسن "، " رئیس‌جمهور" یا " منتخب " صدا می کند:
ـ رئیس جمهور، این دمپائی های قرمزمرا ندیدی ؟...
ـ منتخب، من دستم بنده زیربرنج را یک خرده بکش پائین ! ...

ملاحظه می فرمائید که دوستان بی خودبه‌بنده پرخاش کرده‌اند. پرزیدنت سیدابوالحسنخان آن بالاهای صفحه دیگر" رئیس جمهوری "نیستندولی آن پائین ها ، هم " منتخب " هستندوهم به‌فرمان آقای رجوی رئیس جمهوری دمکراتیک اسلامی .
نه‌تنها چیزی ازعناوینشان کم‌نشده‌بلکه مقداری به آن اضافه شده‌است .

پس تصدیق می فرمایند که‌بنده به‌عنوان شارح ومفسر بیانات پرزیدنت هنوزوظائف خطیری درپیش دارم .ازجمله همین پیام که‌ذکرش رفت .
این پیام به‌مناسبت پنجم بهمن ماه ، یعنی پایان چهارساله‌دوره‌ریاست جمهوری قدیم‌وشایدآغازریاست جمهوری دمکراتیک اسلامی جدید ، فرستاده شده‌است .
پیام خطاب به " نسل مسئول " است . همانطورکه می دانید پرزیدنت سیدابوالحسنخان عادت دارند پیام های بسیارطولانی بفرستند. بنده‌هم نمی خواهم باعث سردرد ارادتمندان ایشان ، که‌حوصله خواندن همهٔ پیام رانکرده‌اند، بشوم. تنها اشاره‌ای گذرا به‌آن می کنم.
بخشی ازپیام تشکرازملت ایران است که‌ایشان راانتخاب کرده‌اند. بعدقسمت عمده‌ای به‌وظائفی که‌این حسن

انتخاب ملت برعهده‌ایشان گذاشته، اختصاص یافته است .وظائفی راکه برشمرده‌اند ازجمله :
" ایجاد فضای آزادرشدنسل جوان " یا " عدم تمکین به ولایت فقیه" وغیره که ما قبلا" دیده‌ایم وبه‌کمال خوبی می دانیم که پرزیدنت با چه‌جدیتی درانجام این وظایف کوشیدند. دیدیم که‌درمجلس خبرگان برای خدمت به ملت شرکت کردندوبه‌استناد اصل یکصدوشانزدهم‌به‌همان منظور کاندیدای رئیس جمهوری با تاءیید فقیه شدندوحکم ریاست جمهوری را ازدست فقیه‌با بی میلی گرفتند.
اما نظری به‌نکات نسبتا" تازهٔ این پیام به" نسل مسئول "، می اندازیم .
آقای پرزیدنت معتقدندکه‌اشغال سفارت امریکا و گروگان گیری دیپلمات های امریکائی توطئهٔ خود امریکائی ها بوده ، می نویسند :
" درپی توطئهٔ گروگان گیری که امریکائی ها چیدند ، ایران به محاصره‌اقتصادی درآمد."
معاندان با زهم سرمقاله‌روزنامه‌انقلاب اسلامی مورخ ۱۴ آبان ۱۳۵۸ به قلم آقای بنی صدر (صفحه ۳۶ کتاب " صدمقالهٔ بنی صدر") را به‌رخ کشیدند :
" اشغال سفارت امریکا نشانه کمال هشیاری مردم ما و بیانگرقاطعیت نسل جوان امروزکشوردردفاع ازاستقلال کشوروانقلاب خویش است . یک باردیگرجهان دربرابراین واقعیت قرارگرفت که‌مخالفت ونفرت مردم ما نسبت به شاه سابق وگردانندگان رژیم اوودستیاران ایرانی امریکا عمیق وبسیارعمیق است ... یک باردیگرنسل جوان کشوراراده قاطع خودرا به‌پیروزگرداندن انقلاب اظهار

کرد. این نسل نشان داد که سخن امام حرف دل اوست و این ملت تا همه جا حاضر است و همیشه آماده قبول محرومیت های بزرگ بوده و هست. این ملت در اقدام خود نگران عکس العمل های امریکا نیست."

حالا معاندان دست گرفته اند که اگر واقعا "بنظر ایشان توطئه خود امریکا بوده" پس باید پذیرفت که "نسل جوان" که در اشغال سفارت امریکا "کمال هشیاری" نشان داده، نوکر امریکائی ها بوده است.

دیگر شکی دارید که پیشنهاد بنده به پرزیدنت سید ابوالحسنخان، مبنی بر سرمایه گذاری برای خریدن و از بین بردن نسخه های کتاب "صدمقاله بنی صدر" واقعا از روی دلسوزی بوده است؟

نکته دیگر پیام، پامال کردن حق خانم بنی صدر است. آقای پرزیدنت که در مصاحبه های متعدد در مرداد ماه ۱۳۶۰ - از جمله با "اشپیگل" و "لیبراسیون" - و همچنین در کتاب خود، مکرر در مکرر گفته بودند که قصد تسلیم، و به قول خودشان، سیاوش شدن داشته اند و خانم بنی صدر ایشان را به مقاومت و رستم شدن وا داشته است، یکباره همه حق و حقوق خانم را انکار کرده و مدعی شده اند که شخصا " و به ابتکار خودشان به مقابله و مبارزه با خمینی دست زده اند. در این پیام می فرمایند:

" به آخرین پیام سراسر وعده و تهدید آقای خمینی در بیستم خرداد ۱۳۶۰، نه گفتم و به خاطر آزادی از آنچه باید گذشت، گذشتم."

این دیگر به بنده و سایرین مربوط نیست. صاحب حق

ما دام لاپرزیدانت هستند، خودشان می دانندوآقای منتخب.
نکته مهم پیام تلاش ایشان برای حفظ صلح وجلوگیری از شروع جنگ است:
" همه می دانندکه با تمام توان کوشیدیم ازشکسته شدن ناموس صلح جلوگیری کنیم"

این جا مخالفین ومعاندین ایشان می گویند:
سیدابوالحسنخان، حالا پرزیدنت باشندیانباشند، ولی دراین شکی نیست که درفروردین ۱۳۵۹ پرزیدنت تروتازه وقدرقدرت وصاحب روزنامه انقلاب اسلامی بودند.
ودرفروردین ۱۳۵۹ بودکه آقای خمینی یک باره تمام تحریکات علیه عراق را ازپشت پرده بیرون کشیدورسما " وعلنا " ملت عراق وعشایروارتش عراق را به طغیان وقلع وقمع دستگاه حاکمه این کشورفراخواند.
پیام ۱۹ فروردین ۱۳۵۹ امام خمینی که پس ازقطع رابطه با شیطان بزرگ صادرشده، این طورتمام می شود:

" ملت شریف عراق شما اخلاف آنان هستیدکه انگلیس را از عراق راندندبپاخیزیدوقبل ازآن که این رژیم فاسد همه چیزشما را تباه کنند دست جنایتکاران را ازکشوراسلامی خودقطع کنید. ای عشایرفرات ودجله، همه با هم وبا همه ی ملت اتحادکنیدواین ریشه ی فساد را قبل ازآن که فرصت ازدست برودقلع وقمع نمائیدوبرای خدا، دفاع از کشوراسلامی خودوازاسلام مقدس نمائید که خدا با شماست.
ای ارتش عراق اطاعت ازاین مخالف اسلام وقرآن نکنید وبه ملت بگرائید ودست آمریکا راکه ازآستین " صدام " بیرون آمده است، قطع کنیدوبدانیداطاعت

ازاین سفاک مخالفت با خدای متعال است وجزای آن "عار" و" نار" است .ازخداوندمتعال عظمت اسلام ومسلمین و کشورایران راخواستارم . والسلام علیکم ورحمة الله .

روح الله الموسوی الخمینی

معاندین می گویند، بخصوص امروزکه جنگ هزارهزار جوان ها وبچه های مملکت رابه خاک وخون می کشد، بهتر است آقای پرزیدنت از" حفظ ناموس صلح "صحبتی نکنند، چراکه ایشان می توانستند برای حفظ این ناموس، درسر مقاله انقلاب اسلامی ، یالاقل طی یک نامه خصوصی، به آقای خمینی بنویسند: " ای رهبرکبیر، ای امام بزرگوار، ای پدرروحانی ، ای پاپا ، ای ددی، پول فرستادن ها واسلحه فرستادن ها وانگولک های زیرجلی در کربلا و نجف پیشکشتان ، این تحریک علنی ورسمی مردم وعشایروارتش یک کشورهمسایه به طغیان وانقلاب علیه رژیم حاکمش ، خلاف همه اصول اخلاقی وموازین بین المللی ودعوت رسمی به تجاوزوشروع جنگ است ، کاری است که حتی آدلف هیتلر، قهرمان فتنه انگیزی وجنگ طلبی قرن بیستم، نکردو دریک کلام، بدترین " بی ناموسی " نسبت به صلح است .

ولی ما می گوئیم ایرادی به آقای رئیس جمهوری نمی‌شود گرفت . آن موقع ، حتما" آنقدرگرفتاررتق وفتق امور مملکتی بوده اندکه فراموش کرده اندبا همه علاقه به " حفظ ناموس صلح " موضوع رابه پدرروحانی شان گوشزد کنند.

بله، علت این قصور گرفتاری های زیاد ایشان بنوده است . شوخی نیست ، هزارجورگرفتاری درپیش بوده

است . بستن دانشگاه تهران درپیش بوده ، صدورحکم آقای خلخالی به عنوان مأمور مبارزه با مواد مخدر ، درپیش بوده ، هزار دردبی درمان درپیش بوده است ...

*

اما ... اما روزنامه ارگان پرزیدنت ، انقلاب اسلامی ، درشماره ۱۹ بهمن تا ۳ اسفند ۶۲، علاوه برپیام ۵ بهمن پرزیدنت ، پیام ایشان به مناسبت ۲۲ بهمن " سالگرد انقلاب شکوهمند اسلامی" را نیزچاپ کرده است که این بار دیگرخطاب به " نسل مسئول " نیست،بلکه خطاب به "مردم پیشاهنگ ایران " است .

هرچه حساب می کنم نه دیگردرسینه جای نفس مانده است ونه درصفحهٔ روزنامه جا برای کس ... از این جهت شرح و تفسیرآن را برای بعدمی گذارم . پیام اخیرایشان ، همان طورکه حدس می زنید ، درچندکلمه خلاصه می شود :

مردم پیشاهنگ ایران، انقلاب شکوهمندی بودکه خمینی دزدید . بجنبید ساقطش کنیدتا منتخب شما بیایدوترتیب باقی کارها را بدهد .

سرمقاله این شماره " انقلاب اسلامی " هرچند امضاء ندارد ، ولی سبک انشاء پرزیدنت ازخلال سطورش تتق می زند . این سرمقاله نکات تازه ای دارد .

آقای پرزیدنت سیدابوالحسنخان ، ضمن بیان علل موفقیت خمینی، به مخالفان روشنفکرشاه پریده اندکه در سال ۵۷، با این که روحیه وتفکراستبدادی خمینی را می شناختند ، چراچیزی نگفتندواعتراضی نکردند .عینا " می نویسند :

" جادارد گفته شود که در بین جریانات سیاسی و مذهبی موجود در سال های آخر سقوط شاه و بخصوص در سال ۵۷ کسانی که هم مخالف رژیم شاه بودند و هم به علت شناخت حالات، روحیه و تفکر استبدادی خمینی با وی نیز مخالف بودند، هم تعدادشان ناچیز بود و هم زبان به اعتراض نگشودند و بیشتر به علت "ملاحظات" مختلف درباره خمینی کجدار مریز رفتار کردند، هرچند بایسته این می بود که اینان درهمان زمان هشدار می دادند..."

معاندین از این سرزنش پرزیدنت که چرا آن ها که به "روحیه و تفکر استبدادی خمینی" آشنا بودند هشدار ندادند، خیلی آتشی شده اند. حتی بعضی از آن ها الو گرفته اند. من، با عرض معذرت از خوانندگان، حرف یکی از آن ها را که آدم بی چاک دهنی است، با مختصر سانسوری، نقل می کنم:

فرمایش پرزیدنت مرا به یاد مولانا عبیدزاکانی می اندازد که حکایت می کند: زنی و پسرش در صحرا به دست ترکی افتادند. به هردو تجاوز کرد و رفت. مادر از پسر پرسید که اگر ترک را ببینی بشناسی که از او به قاضی شکایت بریم؟ پسر گفت در زمان تجاوز رویش از طرف تو بود، باید تو او را زودتر بشناسی!...

حالا حکایت پرزیدنت است که باید به ایشان گفت: شما که بیست سال آزگار، از نجف اشرف و کربلای معلی تا پاریس و نوفل لوشاتو، با او روبرو و همدم بودید، بایسته تر بود او را زودتر می شناختید و هشدار می دادید!

ولی نکته این جاست که آقای پرزیدنت منتخب، که بهرحال استعداد دوموهبت ریاست ورهبری را با همان حرارت در وجود خود حس می کنند، حالا که دیده اند ریاست جمهوری پایش درهواست وحکم ریاست جمهوری به امضاء آقای مسعود رجوی آن پشتوانه حکم با امضای امام خمینی را ندارد، به فکر ریاست ورهبری دیگری افتاده اند. "نقبی" به تصوف و عرفان زده اند که انشاء الله تعالی یک روزی در مقام رهبری روحانی و عرفانی قرار بگیرند.

درپایان همین سرمقاله می نویسند:

"... تفرقه ها را به وحدت، خصومت ها را به آشتی، خوددوستی را به ایران دوستی وفردپرستی را به مشارکت جمعی درامور بدل کنیم در مجموعه عظیم مخالفانِ استقلال طلب وآزادی خواه رژیم استبدادگر خمینی، در تحمل دیگران واحترام به آزادی ازعارف بزرگ ایران شیخ ابوالحسن خرقانی بیاموزیم که برسردرخانقاهش نوشته بود: "هرکس راکه بدین سرای درآمد نانش دهید و ازایمانش مپرسید، چراکه آن کس راکه بردرگاه حق تعالی به جان ارزد البته که برخوان بوالحسن به لقمه نانی ارزد."

اشاره وزمزمه را مسلما" دریافته اید، بخصوص درمیان صدها عارف بزرگ ایران، استناد به قول شیخ ابوالحسن خرقانی ازطرف سید ابوالحسن همدانی، به یقین بی منظور نیست.

بهرحال بنده حقیر اعلام می کنم که با این برنامهٔ جدید پرزیدنت مخالف نیستم واگرپرزیدنت به کسوت درویشی

درآیند، اولین مرید بنده خواهم بود.
البته روزی که به سلامتی آقای پرزیدنت سید ابوالحسنخان به حلقه درویشان وصوفیان درآیند باید لقبی وکنیتی برای خود انتخاب کنند. اما متأسفانه برخلاف گذشته های دور، که متصوفه به شهرودیار خود منسوب بودند وبه اسامی عارفانی چون بایزیدبسطامی و شبلی دماوندی وابوالعباس قصاب آملی وجنیدبغدادی، برمی خوردیم، امروزبه کلی این رسم منسوخ شده و اسامی متصوفه، که هرکدام قطب وسلسله فرقه ای از درویشان هستند، درردیف "علیشاه" است: صفی علیشاه مجذوب علیشاه - مونس علیشاه - مست علیشاه - گلشن علیشاه وغیره...
درنتیجه بنده معتقدم که عنوان قطب سلسله "روح اللهی" رااختیار کنیم، که یادگارونشان دلیلِ راه وپیرطریقت پرزیدنت خواهدبودوضمنا" دوحرف اول آن، رمز و کنایتی ازکرامت اختصاصی ایشان خواهدداشت.
وازجهت اینکه لقب درویشی پرزیدنت هم تسلائی بر نوستالژی دیرینهء ایشان باشد، لقب "منتخب علیشاه" راپیشنهادمی کنم.

که یکی هست هیچ نیست جزاو
وحده لااله الّاهو

(۱۲ اسفند ۱۳۶۲)